ONDE DEIXEI MEUS ÓCULOS?

MARTHA WEINMAN LEAR

ONDE DEIXEI MEUS ÓCULOS?

SEXTANTE

Título original: *Where Did I Leave My Glasses?*

tradução
Ivo Korytowski

preparo de originais
Luciano Trigo

revisão
Damião Nascimento, Masé Sant'Anna e Tereza da Rocha

adaptação de projeto gráfico e diagramação
DTPhoenix Editorial

adaptação da capa
Miriam Lerner

pré-impressão
ô de casa

impressão e acabamento
Lis Gráfica e Editora Ltda.

CIP-BRASIL. CATALOGAÇÃO-NA-FONTE
SINDICATO NACIONAL DOS EDITORES DE LIVROS, RJ

L479o Lear, Martha Weinman
Onde deixei meus óculos? / Martha Weinman Lear [tradução de Ivo Korytowski]. – Rio de Janeiro: Sextante, 2008.

Tradução de: Where did I leave my glasses?
ISBN 978-85-7542-432-2

1. Memória em idosos – Obras populares. I. Título.

CDD: 155.6713125
08-3754 CDU: 159.922.63

GMT Editores Ltda.
Rua Voluntários da Pátria, 45 – Gr. 1.404 – Botafogo
22270-000 – Rio de Janeiro – RJ
Tel.: (21) 2286-9944 – Fax: (21) 2286-9244
E-mail: atendimento@esextante.com.br
www.sextante.com.br

Para... Esquecionome!
(Acho que começa com A)

Sumário

Agradecimentos

LER O QUE JÁ FOI ESCRITO pelos maiores especialistas em suas áreas é bom demais e fiz muito isso. Mas não é a melhor parte. A melhor parte são as entrevistas, as perguntas e respostas espontâneas, os desvios nas conversas que nos afastam da estrada principal, bosque adentro, até uma súbita clareira com uma vista deslumbrante.

Sou jornalista há mais de 40 anos, escrevi dezenas de artigos, entrevistei centenas de pessoas e aprendi uma coisa tempos atrás: nada – nem os livros e as revistas científicas, nem os artigos de pesquisadores, nem as trocas de e-mails, nem a gloriosa e (para mim) incompreensível sabedoria total do Google – *nada* se compara a se sentar numa sala com outra pessoa e deixar a conversa rolar.

Fiz entrevistas com muitos especialistas para escrever este livro e quase todas transcorreram dessa maneira. Umas poucas, por alguma razão logística, tiveram que ser realizadas pelo telefone – longe do ideal, mas ao menos dava para captar o tom de voz e assegurar um mínimo de espontaneidade. Sou grata a todos, mas desejo citar especialmente, pelo tempo dedicado e pelos conhecimentos compartilhados:

Simon Baron-Cohen, Ph.D., professor de psicopatologia do desenvolvimento da Universidade de Cambridge; diretor do Centro de Pesquisas do Autismo da Universidade de Cambridge, Inglaterra

Michal Schnaider Beeri, Ph.D., professor adjunto de psiquiatria da Mount Sinai School of Medicine, Nova York, NY

Rodney Brooks, Ph.D., professor de robótica e ex-diretor do Laboratório de Ciência da Computação e Inteligência Artificial do Massachusetts Institute of Technology, Cambridge

Terrence Deacon, Ph.D., professor de antropologia biológica da Universidade da Califórnia, Berkeley

Gayatri Devi, médica, professora adjunta clínica de neurologia e psiquiatria da Faculdade de Medicina da Universidade de Nova York; diretora dos Serviços de Memória de Nova York

Adam Gazzaley, médico, Ph.D., professor de neurologia e fisiologia; diretor do Centro de Imagens de Neurociência da Universidade da Califórnia, São Francisco

Judy Illes, Ph.D., professora de neurologia e neuroética da Universidade de British Columbia, Vancouver

William Jagust, médico, professor de saúde pública e neurociência da Universidade da Califórnia, Berkeley

Arthur F. Kramer, Ph.D., professor de neurociência e psicologia da Universidade de Illinois em Urbana-Champaign

Richard E. Powers, médico, presidente do conselho consultivo científico da Fundação Alzheimer

Norman Relkin, médico, Ph.D., professor de neurologia clínica e neurociência; diretor do Programa Weill Cornell de Distúrbios da Memória do Hospital Presbiteriano de Nova York

Daniel L. Schacter, Ph.D., professor de psicologia da Universidade de Harvard

Margaret Sewell, Ph.D., professora clínica adjunta de psiquiatria; diretora do Programa de Melhoria da Memória da Mount Sinai School of Medicine, Nova York, NY

Jeremy M. Silverman, Ph.D., professor de psiquiatria da Mount Sinai School of Medicine, Nova York, NY

David Sinclair, Ph.D., professor adjunto de patologia da Harvard Medical School

Meir Stampfer, Ph.D., professor de nutrição e epidemiologia da Harvard School of Public Health

Acima de tudo, sou grata ao Dr. Barry Gordon, professor de neurociência cognitiva terapêutica e fundador da Clínica da Memória do Johns Hopkins Hospital, em Baltimore, e ao Dr. Yaakov Stern, professor de neuropsicologia clínica do Centro Médico da Universidade de Colúmbia em Nova York e chefe do Centro de Distúrbios da Memória do New York State Psychiatric Institute.

Não há palavras para descrever quanto eles me ajudaram – mas este é o xis da questão: palavras. Ambos sabem dar vida ao conhecimento. É um dom raro e adorável, do qual fui a beneficiária sortuda.

Introdução

EM PRIMEIRO LUGAR (E ANTES QUE EU ME ESQUEÇA)

É UM CONSOLO SABER que estamos todos no mesmo barco, reclamando cada vez mais de que nos lembramos cada vez menos.

Digo *todos* em termos. Não significa todo mundo. Significa *nós* que vivemos esquecendo os nomes das pessoas, onde colocamos as chaves do carro ou o que íamos dizer. Significa nós que muitas vezes temos algo na ponta da língua mas não conseguimos lembrar. Se você nunca passou por isso, não deveria estar lendo este livro. Não é para você. Por enquanto.

Os italianos dizem "*Sulla punta della língua*"; os espanhóis falam "*Al punto de la lengua*"; os franceses, que não gostam de soar como todos os outros, soam exatamente como todo mundo ao dizer "*Sur le bout de la langue*"; os suecos lamentam "*Jag har det på tungan*"; os croatas falam "*Na vrhu jezika mije*"; e os holandeses reclamam "*Op het puntje van mijn tong*", embora só Deus saiba como eles pronunciam isso. Todos estão descrevendo a mesma sensação exatamente da mesma maneira. No Japão, a sensação de não conseguir verbalizar uma idéia também é enlouquecedora, mas começa mais embaixo. Eles dizem "のど まで でかかってるんだけど", que significa "Ficou preso na garganta".

Isso levanta o meu astral. Não que o esquecimento seja algo divertido – principalmente para quem esquece –, mas acho engraçada a imagem de um coro global se lamuriando numa babel de línguas: "O que eu ia dizer mesmo? *Estava na ponta da língua!*"

Em termos de memória, eis o que acontece comigo. Os adjetivos e os verbos me escapam. Os substantivos, especialmente os nomes próprios, me derrubam. Posso conhecer você numa festa, bater um longo papo, ficar encantada, querer ser sua amiga para sempre e no dia seguinte não lembrar seu nome. (Não se sinta ofendido. O problema é comigo. Mas, se *você* não lembrar *meu* nome, prometo que me sentirei ofendida!)

Com freqüência, não consigo lembrar o que jantei na noite passada nem o que conversei com meu marido enquanto comíamos. Mas posso garantir que hoje em dia nossas conversas à mesa transcorrem mais ou menos assim:

– Eu comecei a contar uma coisa para você...

– O quê?

– Não consigo lembrar.

Ou:

– Hoje eu vi... Esquecionome.

– Quem?

– Você sabe. Esquecionome.

– Ah. Onde?

Ou:

– Lembra que eu pedi que você me lembrasse de ligar para alguém?

– Sim.

– Quem era?

– Esqueci.

Ou:

– O que eu estava procurando agorinha mesmo?

– Como eu vou saber?

– Você pediu que eu procurasse.
– Procurasse o quê?

Ou:
– Sobre o que estávamos conversando?
– Você estava dizendo que viu Esquecionome.
– Não, antes disso.
– Não me lembro.
– Droga. Já era.

E esses são os melhores momentos.

Alguns especialistas em memória – entrevistei vários – dizem que o problema é o modo como vivemos hoje: estamos todos sobrecarregados.

"Vou fazer alguma coisa na cozinha, mas no caminho fico pensando no plantão do hospital, no telefonema que preciso dar para o técnico do computador e nas roupas que tenho de deixar na lavanderia", conta uma geriatra de 43 anos. "Quando chego à cozinha, esqueci totalmente o que fui fazer ali."

Em outras palavras, há quem defenda que a perda de memória não acontece porque estamos ficando mais velhos e sim porque temos coisas demais na cabeça.

Não acredite nisso. É porque estamos ficando velhos mesmo. Aceite esse fato. Se você se mudar para o interior, ficar matutando na varanda, sem plantões, sem roupas para mandar à lavanderia e sem computador para consertar, vai descobrir que não consegue se lembrar do nome do cachorro do vizinho.

Os meus amigos de décadas, que estão entre a meia-idade e o início da velhice, enfrentam as mesmas dificuldades. Quando nos reunimos para assistir à entrega do Oscar – insistindo que é só para ver as roupas –, alguém sempre faz um comentário do tipo: "Aquela atriz de lábios carnudos... Qual o nome dela? Sempre esqueço seu nome." E outra pessoa fala com ar de espanto: "Está me perguntando?", e uma terceira comenta: "Não consigo me lembrar de mais nada." Então um engraçadinho arremata: "Entre na fila", e todos morremos de rir. Será que tem tanta graça?

O que nos assombra é o espectro da doença ou mal de Alzheimer. "Meu Deus, devo estar com Alzheimer", dizemos, com uma risadinha, para mostrar que estamos brincando. Estamos mesmo?

Um ano antes de começar a escrever este livro, eu não estava brincando. Tive uma crise grave do que os pesquisadores da memória denominam "síndrome da ponta da língua".

Não eram apenas as coisas óbvias, como os nomes das pessoas e as listas de tarefas, que estavam se tornando cada vez mais fugidias, mas o próprio processo de pensar, a seqüência de pensamentos. Como escritora de não-ficção cuja principal atividade é pegar uma massa de informações e organizá-la de forma fluente, lógica e, espero, com algum brilho, não fiquei muito animada com essa novidade. Eu precisava escrever um artigo para uma revista, e a forma perfeita de passar de um parágrafo para o próximo irrompia subitamente na minha consciência como uma lâmpada de mil watts e depois – *puf* – se apagava, me deixando desesperada.

Além disso, muitas vezes eu não conseguia enxergar o que estava escrevendo, porque não sabia onde tinha deixado meus óculos. A pergunta que se transformou no título deste livro foi repetida tantas vezes que ficou gravada na minha alma.

Angustiada, procurei o diretor de um programa para quem sofre de problemas de memória num grande hospital de Nova York. Muitos hospitais nas metrópoles têm programas assim. Eles tratam basicamente de pessoas com patologias, mas também atendem muitas pessoas como eu – que, sem saber o que significam seus brancos de memória, ficam ansiosas e buscam ajuda profissional.

O médico me submeteu a uma bateria de exames, informou que eu não mostrava nenhum sinal de estar desenvolvendo uma perda de memória anormal e me liberou. Voltei para casa nas nuvens. O velho esquecimento ainda me deixa alucinada, mas, com a garantia de que é *normal*, já não me faz perder o sono – o que parece melhorar minha memória.

Que bom seria se pudéssemos todos relaxar. Sempre existe a possibilidade de sermos vítimas da demência. Ou atropelados por um caminhão. O mais provável, porém, é que a nossa perda de memória seja normal, do tipo que vem com a idade. É o preço da longevidade e, quando você pensa em outras contas que precisa pagar, descobre que é uma pechincha. E tem até suas vantagens, como você verá.

Não que eu queira apregoar o Lado Positivo do Envelhecimento. O problema da memória que vamos abordar é, às vezes, denominado esquecimento *benigno*. Por favor, me poupem de eufemismos! Menos esquecimento seria mais benigno. Mas reconheço que a perda de memória, embora possa nos deixar malucos, é totalmente normal. Portanto, bola pra frente.

Assim, embora um capítulo examine a preocupação excessiva com a doença de Alzheimer e outro apresente as diferenças entre o esquecimento normal e sinais de um possível problema, você não encontrará "tudo sobre Alzheimer" neste livro.

Tampouco falarei sobre qualquer outra forma de demência – a propósito, existem cerca de 70 tipos diferentes que eu sinceramente espero que nenhum de nós venha a experimentar. Não sei muito sobre demência, mas conheço a fundo o tipo de esquecimento brando que nos assola na meia-idade (na verdade, começa bem antes, como veremos adiante) e nos deixa impotentes, ligeiramente intrigados e extremamente frustrados.

A questão central deste livro é a perda *normal* de memória, por que acontece, quando e como. Nestas páginas você encontrará os pontos de vista (nem sempre coincidentes) de grandes especialistas no assunto – psiquiatras, psicólogos, neurocientistas, cientistas da computação, biólogos evolucionistas –, todos eles apaixonados pelo tema de como lembramos e como esquecemos. E descobrirá o tipo de informação que costumamos esquecer primeiro e quais providências devemos tomar para remediar o problema, assim como as informações que são quase impossíveis de esquecer e por quê.

Também abordaremos diferenças entre as memórias de homens e mulheres que talvez expliquem certas diferenças nos comportamentos masculino e feminino. Examinaremos as relações entre a memória, a alimentação, os exercícios físicos e o estilo de vida, e analisaremos a estranha mania de esquecer de propósito, embora não *necessariamente* de forma consciente.

Depois, vamos nos debruçar sobre alguns fatos peculiares. Por que nos lembramos tão bem da dor emocional, mas não da dor física? Por que somos traídos por nossa memória? Por que nossos filhos e netos saberão mais e lembrarão menos do que nós? Por que é vital ser capaz de *esquecer*?

E, por fim, trataremos de questões gerais. Como a memória do cérebro se compara com a memória do computador? Como o esquecimento se enquadra no grande esquema evolutivo? O que o futuro reserva para as nossas memórias?

Este livro é recheado de histórias reais de amigos, colegas e estranhos que tiveram a bondade de compartilhar comigo seus momentos de esquecimento – que eles provavelmente acabariam esquecendo. Gostaria de agradecer a todos eles, se eu conseguisse lembrar seus nomes.

CAPÍTULO UM

Diga oi para Esquecionome

O PROBLEMA DO NOME

CENÁRIO: Interior de um ônibus em Manhattan, segundo relato do *The New York Times*.

PERSONAGENS: Duas mulheres de meia-idade debatendo qual filme vão assistir esta noite.

– Quero ver aquele filme com aquela mulher de cabelos castanhos compridos.

– Qual?

– Você sabe, o filme com aquele sujeito.

– O que é casado com a cantora?

– Não, o outro.

– Ah, aquele filme! Sei... com aquele ator baixinho e hilário.

– Isso!

– Ouvi dizer que não é tão bom.

– Quem disse?

– Um crítico num dos jornais. Não me lembro qual. Ele também aparece na TV.

– Ah, sei quem é. Estou surpresa. A mulher que você ouve no rádio adorou.

– O cara do jornal disse que é monótono e comprido demais.

– Então vamos ver outro filme. Que tal aquele do avião?

AH, COMO ISSO SOA FAMILIAR para mim. É como se eu estivesse com essas mulheres no ônibus, como se fosse uma delas.

Aqui estou eu em busca de um nome esquivo, subindo e descendo os corredores sem janelas de minha mente – *Iuhu, nome, espere por mim!* –, e o pequeno e alegre camarada continua fugindo, parando vez por outra só para me dar trabalho, me fazer pensar que posso agarrá-lo... E meu aborrecimento se transforma em frustração, depois em indignação, depois num riso impotente. Eu que lido com palavras, tateando nas trevas em busca de um Zé, um Chico, um Bruno? Ninguém merece!

Começo o lamento habitual: "Não consigo lembrar seu nome, está aqui na ponta da língua, isso está me deixando maluca!" Talvez seu marido tente ajudar, como acontece comigo: "Acho que começa com C."

Nomes, nomes. Os espinhos no nosso calcanhar-de-aquiles coletivo.

O que você mais tende a esquecer?

Essa foi a pergunta que formulei a todos que entrevistei para este livro (inclusive os especialistas, a maioria dos quais mal chegou à meia-idade, mas suas memórias já não são mais como antes).

As principais respostas foram:

1. Onde deixei meus óculos?
2. O que eu estava dizendo?
3. Eu vim até aqui para quê?
4. O que foi que eu pedi a você que me lembrasse?
5. Qual o nome dele (dela)?

Todas fortes concorrentes, mas a quinta venceu disparada.

Existe uma uniformidade impressionante nesta história. Para quase todo mundo com perda normal de memória, os nomes são a primeira vítima. Os genes dotam alguns de nós com uma memória melhor do que a dos outros. Mas parece haver um sistema de fiação projetado por mestres eletricistas de origem desconhecida com o propósito preciso de nos deixar malucos.

Com o tempo, podemos nos flagrar começando a ter problemas com outras espécies de palavras também: substantivos comuns, verbos, adjetivos. Meu marido e eu somos escritores e trabalhamos em salas contíguas, por isso estamos sempre pedindo socorro um ao outro.

– Qual é mesmo o adjetivo para quando algo é impossível de negar?

– *Irrefutável?*

– Isso! *Irrefutável!*

Mas nada dá mais trabalho do que nomes de pessoas. Todos sabemos disso. Só não entendemos por quê.

Qual é a lógica aqui? Por que especificamente nomes?, eu me perguntava, enquanto corria em vão atrás deles. E a partir daí comecei a levantar uma série de questões. *Quem* esquece nomes? Acontece com todos nós quando envelhecemos ou alguns conseguem contornar o problema? E *o que* realmente faz com que esqueçamos os nomes? (Sim, estamos ficando mais velhos, *mas o que está acontecendo na nossa cabeça?*) E *quando* é que o problema, seja qual for, começa a se manifestar? E *onde* o nome se esconde naquele intervalo enlouquecedor entre o momento em que desaparece e reaparece? E *o que* podemos fazer para solucionar isso, se é que existe solução.

Portanto, para começar: por que esquecemos nomes?

Para início de conversa, porque não significam nada.

Alguns significam algo, obviamente: Rosa, Aparecida, Glória. (E alguns têm significados de que você talvez nem suspeite, como Luís, que, segundo meu dicionário, era uma antiga moeda de ouro francesa.) Mas, em geral, os nomes são palavras sem significado. Seu nome não se refere a mais nada além de você – e qualquer outra pessoa que tenha o mesmo nome, o que só serve para complicar as coisas. Ele não tem contexto. Não pertence a nenhuma categoria de significado, não fornece um vínculo com nada, nenhuma pista – exceto você.

Em suma, ele não consegue fazer o que *abajur, sapato* e *fazenda* fazem o tempo todo: desencadear uma associação. E é assim que funciona a memória: por associação.

Ah, mas se o problema dos nomes é a falta de significado, por que não tínhamos dificuldades com eles quando éramos crianças? E por que passamos a ter agora?

PORTANTO, A QUESTÃO É: *o que* acontece quando envelhecemos que cria esse problema trivial e enlouquecedor?

Na verdade, acontecem três coisas.

O Dr. Norman Relkin, neurologista, neurocientista e diretor do Programa Weill Cornell de Distúrbios da Memória do Hospital Presbiteriano de Nova York, conta que as pessoas costumam lhe perguntar: "Por que antigamente eu lembrava os nomes quando ia a um coquetel e agora não consigo mais?"

Ele explica que, quando os nomes começam a nos incomodar, dois outros problemas comuníssimos estão entrando em cena. Passamos a ter dificuldade de fazer várias coisas de uma vez e levamos mais tempo para processar informações novas.

Outra dúvida perturbadora sobre *quem* poderá ser afetado: será que todos nós acabaremos inevitavelmente enfrentando o mesmo problema?

Resposta: nem todos, mas quase. Algumas aves raras conseguem atravessar a vida e chegar a uma idade avançada (definida por cientistas sociais como noventa e tantos anos) com seus sistemas de memória intactos. O que explica o fenômeno?

É uma pergunta quente nas pesquisas atuais sobre memória. Talvez esses poucos afortunados sempre tenham comido os alimentos certos, dormido muito, praticado atividades físicas, ativado a mente – todas as coisas que somos estimulados a fazer para melhorar nossas memórias. (O xadrez tornou-se uma recomendação em voga, assim como as palavras cruzadas. Nem todos concordam. Tudo o que sabemos é que essas atividades não prejudicam, a não ser que você as use, como costumo fazer, como pretexto para não fazer o que realmente deveria.)

A maioria dos estudos indica que todas essas coisas ajudam, mas o provável é que as pessoas com memórias privilegiadas sempre tenham sido assim. Elas poderiam ficar acordadas até altas horas da noite assistindo a velhos seriados na TV e devorando pizza e, *mesmo assim*, teriam memórias extraordinárias. São os genes.

Uma teoria que circula entre os cientistas cognitivos é que a educação também pode fazer diferença – as pessoas que tiveram uma educação melhor supostamente aprendem a solucionar problemas com mais eficiência, o que modificaria, no nível fisiológico, o funcionamento de seus cérebros. Por acaso conheço vários Ph.D.s com memória ainda pior do que a minha, mas isso é irrelevante. O fato é que, se você já entrou na meia-idade (o intervalo entre 45 e 65 anos) e não apresentou qualquer problema de esquecimento de nomes, é realmente uma ave rara.

PRÓXIMA PERGUNTA: *quando* é que, em média, começa tudo isso?

Eis uma bomba, ao menos para mim, do Dr. Relkin: "Se você abstrair a educação, a posição socioeconômica e todas as outras variáveis que possam influenciar, *após os 20 anos você já começa a perceber certa perda da função de memória primária.*" (O grifo é meu.) "É algo que acredito estar enraizado na biologia do cérebro."

As novas tecnologias, ele diz, deram aos pesquisadores da cognição condições de avaliar mudanças no cérebro através do tempo. "Podemos ver que, na população em geral, os cérebros das pessoas encolhem cerca de 0,5% ao ano."

E a partir de que idade isso ocorre? Dr. Relkin responde: "Nos estudos que vi, a partir dos 30 anos."

A partir dos 30 anos! Se isso é motivo para nos sentirmos melhor ou pior, não sei. Mas nos dá munição para replicar da próxima vez que nossos filhos reclamarem, ainda que carinhosamente, da nossa memória.

O PROBLEMA DO ESQUECIMENTO dos nomes só começa a nos importunar sistematicamente na meia-idade. Mas, quando isso acontece, *onde* se escondem esses diabinhos? Por que não conseguimos encontrá-los?

Quem responde é o Dr. Yaakov Stern, chefe de uma equipe de cientistas que pesquisam a relação entre envelhecimento e memória no Colégio de Médicos e Cirurgiões da Universidade de Colúmbia, em Nova York. O Dr. Stern é neuropsicólogo. Seu interesse específico é por pessoas cujas memórias permanecem intactas por toda a vida, e ele parece ser totalmente apaixonado por sua disciplina.

– Uma parte do cérebro está ligada ao armazenamento das lembranças, digamos, e outra à sua recuperação – ele explica. – O hipocampo e áreas em volta parecem muito importantes no depósito de lembranças novas, e certas áreas na frente do cérebro são fundamentais para recuperá-las. É quase como a internet: existe um monte de informações guardadas ali, mas você precisa do mecanismo de busca certo para acessá-las. Lembrar nomes é bem diferente da denominada *memória semântica*: o que é uma mesa, o que é uma cadeira, qual a diferença entre um animal e um sofá. Tudo isso está gravado de uma maneira bem diferente de um nome. Mas os nomes com que você cresce, o nome do seu pai, por exemplo, tornam-se tão arraigados que podem ser armazenados como memória semântica.

O que não explica a minha síndrome de Brad Pitt/Tom Cruise, penso com meus botões. Para esclarecer melhor o ponto, pergunto:

– E quando assisto a um filme e sei que já vi aquele ator 100 vezes, mas, mesmo assim, não consigo lembrar o nome dele?

Pode não ser um nome com que eu cresci, mas certamente é familiar. Por que não consigo lembrá-lo?

– E, uma hora depois, você está no chuveiro e, *bum!*, o nome vem à mente. Certo?

– *Bum!* Certo. (Nos dias de sorte.)

– Portanto, o nome está *lá dentro*. O problema está na recuperação, quando você precisa do mecanismo de busca.

Sem querer sobrecarregar ninguém com detalhes técnicos (já temos coisas suficientes para esquecer), o pensamento corrente entre os neurocientistas é que o lobo frontal do cérebro, envolvido no mecanismo de busca, é uma das primeiras áreas que começam a encolher, ao envelhecermos. O que é *normal*, gente. Portanto, talvez não seja a capacidade de armazenar lembranças e sim a capacidade de recuperá-las que é afetada ao envelhecermos.

Assim, quando estamos tentando extrair um nome, o pobre não está se escondendo de propósito nas profundezas nebulosas do cérebro. Ele está simplesmente tendo dificuldade em encontrar o caminho para fora. Paciência. Aquele lobo frontal pode precisar de tempo para começar a funcionar.

QUE SOLUÇÃO, então, podemos dar ao problema?

Estratégias compensatórias: esta é a chave. Todos os especialistas enfatizam que nenhuma estratégia consegue recuperar o que se perdeu. Se meu lobo frontal encolheu, está encolhido. Mas podemos compensar nossas fraquezas explorando nossas forças.

O mundo dos negócios está cheio de auto-intitulados gurus da memória que prometem milagres. Eles dirigem clínicas, publicam livros, produzem audiovisuais, fazem muita publicidade sensacional ("Posso lhe dar uma memória fotográfica em apenas duas horas! É só pagar..."). Basta dominar suas técnicas e praticar, praticar, praticar, que você terá "uma memória incrível", "conquistará a fama e a liberdade financeira que merece", "receberá seus convidados e será o centro da festa" – uma perspectiva que me faz correr na direção oposta – e nunca mais esquecerá um nome enquanto estiver vivo.

É como todos aqueles eternos "como conseguir": como emagrecer e permanecer magro, como manter uma vida sexual ativa no casamento, como ganhar 1 milhão investindo em imóveis. A memória é um grande negócio!

Todos esses métodos ensinam basicamente as mesmas coisas, sendo que a maioria é uma variação de estratégias inventadas há milhares de anos pelos verdadeiros gurus: os antigos romanos. Eles lançam mão de elaboradas associações de palavras e imagens visuais (a palavra técnica é mnemônica, do grego *mimmeskesthai,* que significa "para lembrar"; uma pista verbal é um recurso mnemônico, assim como um barbante amarrado no dedo ou qualquer dispositivo que possa ajudar a memorizar uma informação). Woody Allen abordou esse método com humor no filme *Scoop – O grande furo* (2006). "Tenho um sistema mnemônico", seu personagem diz. "Digamos que eu queira me lembrar deste cinzeiro. Imagino 50 cinzeiros dançando de minissaia."

Segundo a minha experiência, a maioria dessas estratégias badaladas é simplesmente complicada demais para ser útil. Não é complicando que ajudaremos a nossa memória. Precisamos simplificar.

Os programas de memorização dos hospitais costumam recomendar dispositivos simples para lembrar nomes. Três deles são tão básicos que você provavelmente já os usou intuitivamente. São as *pistas fonêmicas,* que usam sons ou letras para estimular a memória; as *pistas semânticas,* que usam o contexto; e o que os psicólogos denominam *técnica de repetição espaçada,* que funciona na base da repetição.

Sempre que você diz "Acho que soa como..." ou "Acho que começa por...", trata-se da pista fonêmica. Um dos pequenos mistérios da mente é que, às vezes, você consegue evocar a inicial certa, mas não o nome – ou a inicial errada coloca você no caminho certo. Com freqüência eu percorro o alfabeto inteiro em busca de uma pista: Ana, Beto, Carol, Diana, Edu... O que é ótimo quando você acerta na mosca, mas um tanto enfadonho.

Talvez a estratégia mais simples seja a técnica da repetição espaçada, que é apenas um nome bonito para o ato de repetir algo várias vezes ao longo do tempo. *Espaçada* é a palavra-chave. A compressão rápida – murmurar o nome de alguém para si mesmo várias vezes em rápida sucessão – não é o melhor método de memorização. É melhor repeti-lo silenciosamente ao ouvi-lo pela primeira vez, aguardar 10 segundos, silenciosamente dizê-lo de novo, esperar 20 segundos, trazê-lo de volta, aguardar 30 segundos, repetir...

É fácil adquirir o hábito da repetição espaçada, e essa técnica é bem eficaz.

A pista semântica é um pouquinho mais complicada – mas só um pouquinho. Como a memória é ajudada pelo contexto, o que não se aplica aos nomes, a idéia é fornecer um. Como neste cenário do Dr. Relkin, da Universidade de Cornell: "Você pode lembrar que encontrou fulano (cujo nome esqueceu) no zoológico. E começa a pensar: 'Foi na área das girafas? Na jaula dos macacos? Quem mais estava comigo naquele dia?' E como mente e memória funcionam por associações, recordar fatos relacionados às vezes lubrifica as engrenagens da memória."

Esse tipo de associação é uma forma de *elaboração*, o que significa pegar o que você já sabe e associá-lo, de algum modo, ao que você quer lembrar – neste caso, um nome.

Um exemplo: se o nome é Jane, você pode criar um vínculo com alguma outra Jane que conhece: como você se sente em relação àquela Jane ou como essa se assemelha em algum aspecto – a voz, a cor, a forma do corpo – à outra, ou como é totalmente diferente. Ou você pode associá-la a Janes que *não* conheceu: Jane Fonda, Jane Eyre, Jane Birkin, "Você Tarzan, mim Jane".

Outra opção é fazer uma associação com alguma característica dessa Jane. Se ela é delicada ou o deixa à beira de um ataque de nervos, você pode criar uma rima: "Jane delicada como celofane" ou "Jane me deixa em pane". Mas, se Jane é tão desagradável, por que se dar ao trabalho de lembrar seu nome?

Associar o nome a uma imagem visual pode funcionar bem, desde que você não complique. Exemplo: ao conhecer Lúcio Carneiro Ribeiro, você pode transformar o nome na imagem mental de um carneiro que vai até um ribeiro (um riacho) pescar um peixe lúcio. Marta Carvalho poderia ser visualizado como a marta animal subindo pela árvore carvalho. Essa técnica pode se tornar tão complicada a ponto de dar um nó no cérebro. Lembre-se: você tem que criar esse tipo de coisa *rapidamente*, ao ser apresentado a Esquecionome. Um bom macete.

Quando é simples, a visualização é um recurso mnemônico eficaz, porque imagens mentais têm maior poder de permanência. A maioria das pessoas conserva uma boa memória visual bem depois que a memória verbal começou a enfraquecer. O que significa que você provavelmente irá lembrar a aparência de Esquecionome bem depois de ter esquecido seu nome.

Em eventos sociais apinhados de gente, o nível de ansiedade para lembrar os nomes pode chegar às alturas, e a adrenalina praticamente garante que você não lembrará nada. Quando isso acontece, e os recursos mnemônicos não podem ajudar, eu recomendo entusiasticamente aqueles truques que quase todos desenvolvem para dissimular o esquecimento.

O Dr. Stern, que como quase todas as pessoas diz que *nunca* foi bom em memorizar nomes, descreve seu próprio método: "Estou conversando com alguém, e uma terceira pessoa aparece. Sei que devo apresentá-las, mas não consigo lembrar seus nomes. Portanto digo: 'Vocês dois já se conhecem?' E torço para que eles vão em frente e se apresentem. O que, graças a Deus, quase sempre acontece."

Eu sou mais evasiva. O salão está lotado, o volume do som é ensurdecedor e estou conversando, ou tentando conversar, com X (cujo nome obviamente me escapa) quando Y (idem) se junta a nós. O que é que eu faço?

Resposta: Nada. Eu cumprimento Y e continuo conversando. Se nenhum deles pede uma apresentação, tudo bem. Se um deles observa: "Acho que não nos conhecemos", eu digo, num tom de surpresa: "Oh! Eu *jurava* que vocês se conheciam." Segue-se uma pausa, que eles podem ou não preencher com seus nomes. Se o fizerem, estou salva. Caso contrário, digo: "Desculpe, volto já" e vou ao banheiro, ao bar, qualquer lugar menos ali.

Nessa situação, não posso contar com a elaboração, a pista semântica ou a técnica da repetição espaçada, todas inúteis, porque não consigo lembrar os danados dos nomes. Resta a fonética: Kelly, Luís, Mauro, Nancy... O que pode funcionar ou não. Geralmente não funciona. No momento em que eu tiver percorrido todo o alfabeto, aqueles dois convidados cujos nomes esqueci já se terão apresentado um ao outro, ou estarão conversando com outros cujos nomes, com certeza, eu não lembrarei.

Por que esquentar a cabeça? Eu esqueci o seu nome e você esqueceu o meu, e nenhum dos recursos mnemônicos usuais está funcionando. Ainda temos um trunfo, e posso garantir que é o melhor, mais fácil e mais eficiente de todos:

– Desculpe, mas esqueci seu nome. Poderia me dizer de novo?

Infalível. E não se preocupe: Esquecionome não vai odiá-lo por querer se lembrar do nome dele.

CAPÍTULO DOIS

Fazer tudo ao mesmo tempo: alguém se habilita?

O PROBLEMA DA ATENÇÃO

– Querido – ela pede –, quando você levar o cachorro para passear, poderia pôr esta carta no correio para mim?

– Claro.

– E apanhar meu vestido na lavanderia?

– O.k.

– Sabe o que eu realmente queria? Um sundae de baunilha com castanha e cobertura de morango.

– O.k. – Ele vai em direção à porta.

– Espera aí! Escreva senão você vai esquecer.

– Não vou esquecer. Sundae de baunilha com castanha e cobertura de morango. – Ele sai.

Logo ele retorna, carregando uma pequena sacola de papel. Lá dentro só tem uma baguete.

– Eu bem que disse! – ela reclama. – Você esqueceu o requeijão.

NA VERDADE, EU TENHO ESQUECIDO o requeijão a vida inteira. Fazer mil e uma coisas ao mesmo tempo nunca foi meu forte, pois não consigo finalizar nenhuma delas. Mas nos últimos anos essa tendência vem piorando, o que confirma minha teoria de que não mudamos muito ao ficarmos mais velhos, simplesmente nos tornamos *mais aquilo que já éramos* desde o início.

Essa teoria não se baseia em nenhum teste científico. No entanto, olhe à sua volta. As provas são abundantes.

Um exemplo recente. Estou separando a roupa suja para a lavadeira, que vem às segundas-feiras. Sempre ajeito um pouco as roupas antes, para que ela não descubra o desastre doméstico que eu sou. Enquanto separo as roupas de cama, observo uma costura rasgada. Pouca coisa, fácil de costurar. Vou à caixa de costura, encontro um botão que eu andava procurando para um casaco de inverno, apanho o casaco, o que me faz lembrar que ainda não guardei as roupas de lã que não usarei no verão, o que instantaneamente me traz à lembrança que alguém (quem? acho que começa com *B*) disse que dentes de alho são melhores repelentes de traças do que naftalina, dc modo que corro até a prateleira de temperos da cozinha, e aí o telefone toca.

Quando a conversa termina, percebo que a casa está uma bagunça: da lavanderia aos armários, passando pela cozinha, e nenhuma tarefa foi concluída.

Não posso jogar a culpa na sobrecarga. Todos estamos sobrecarregados. Mas o mesmo acontecia com nossos tataravôs – os meus, ao menos – que tinham que buscar lenha para acender o fogo para aquecer a água para lavar as roupas e assim por diante, e Deus sabe como é que eles guardavam as roupas de lã.

Também não dá para culpar apenas a minha natureza desordeira. Não, isso é algo que começa a ocorrer com a maioria das pessoas na plenitude da meia-idade e, sem dúvida, acontecia com nossos antepassados também: passamos a ter mais dificuldade para dividir nossa atenção e realizar várias tarefas ao mesmo tempo.

Trata-se do segundo dos três sintomas mais comuns da perda normal de memória, quase empatando com o esquecimento dos nomes. E na mesma época – ah, o timing dos deuses! – entra em ação o terceiro: o processamento. Começamos a levar mais tempo para processar informações novas. Esses dois problemas nos afetam bem mais do que aos nossos antepassados, porque muitos de nós continuamos trabalhando full time, agüentando todas as pressões, em idades em que eles já haviam pendurado as chuteiras.

Os especialistas recitam como um catecismo o familiar santíssimo quarteto de fatores que afetam a memória:

1. Ter uma alimentação saudável
2. Evitar o estresse (há, há, há!)
3. Dormir muito
4. Praticar exercícios regularmente, físicos e mentais

Todos conhecem bem o santíssimo quarteto. Difícil viver nesta época e *não* saber o que constitui uma boa dieta, uma boa noite de sono, um programa regular de exercícios, o controle do estresse e a importância disso tudo para a memória. Mas pouco sabemos sobre os problemas que podem nos afetar por causa da dificuldade de executar muitas tarefas ao mesmo tempo e do processamento mais lento das informações.

Uma causa desses problemas parece estar no hipocampo, a área do cérebro considerada uma espécie de centro de recepção e distribuição para informações novas. A Praça da Memória, como é chamada pela Dra. Margaret Sewell, diretora do Programa de Melhoria da Memória do Hospital Mount Sinai, em Nova York.

"Qualquer dano na área do hipocampo irá resultar em algum tipo de problema de memória", ela diz. "E a partir de mais ou menos 45 anos você perde células dessa área com relativa rapidez. Isso é normal." (Também é normal *ganhar* células nessa área; acredita-se agora que o hipocampo gera células novas no decorrer de nossas vidas, embora o processo se torne mais lento com a idade.) "Em geral, conseguimos entender a patologia melhor do que o funcionamento normal. Sabemos muito sobre a doença de Alzheimer – o que está acontecendo de errado. Mas quando as coisas estão dando certo, não temos uma compreensão tão profunda."

É o paradoxo de sempre. O normal não tem graça. O normal não atrai os gigantes da indústria farmacêutica nem a cobertura da imprensa. O normal não gera (como o câncer, a Aids ou a doença de Alzheimer) grupos de apoio especiais, lobbies e clamor público pelas causas e cura.

A Dra. Sewell tinha 42 anos quando nos conhecemos e já sentia os efeitos da idade, como me revelou:

– Oh, sim. Tenho dificuldade em achar a palavra certa e em executar várias tarefas ao mesmo tempo. Tudo isso vem acontecendo desde os meus 20 anos, mas as pessoas só costumam perceber quando chegam aos 40.

Felizmente, o problema da realização de inúmeras tarefas ao mesmo tempo é bem mais fácil de tratar do que de entender. Eis como a Dra. Sewell e seus colegas o atacam no Mount Sinai:

– O nosso objetivo é compensar habilidades que possam estar declinando. Você pode correr a maratona com 18 ou 58 anos, mas o modo de treinar será bem diferente. O mesmo acontece com a cognição. Só que existe o mito de que tudo deveria ser como aos 18 anos.

– Você está sugerindo que devemos aceitar que nossa capacidade cognitiva, assim como nossa capacidade física, mudará!

– Exatamente! – Não consigo deixar de pensar que ela seria criticada por pesquisadores que argumentam que o problema não é da idade, mas do estilo de vida. – Porque, uma vez que aceite esse fato, você pode começar a compensar essas mudanças, o que terá um impacto positivo no seu dia-a-dia. No trabalho, costumamos fazer tudo errado. Tenho e-mail, telefone, fax, pager. A secretária está falando comigo ao mesmo tempo que atendo o celular e tento ler um artigo para uma palestra que darei dentro de uma hora. E fico me lamentando: "Hum, por que será que eu não estou absorvendo muita coisa deste artigo?" A forma de compensar isso é simples: mudo a maneira como organizo as tarefas. Digo para mim mesma: "Nos próximos 20 minutos, nada de telefonemas nem e-mails." Vou me concentrar em ler o artigo e resistir à tentação de espiar aquela mensagem que acabou de chegar. Reservarei certas tarefas para certos períodos do dia. Não tentarei planejar minhas férias com a TV ligada e o telefone tocando. Não se trata de ciência avançada, mas é *incrível* a diferença que as pessoas notam quando começam a reduzir suas tarefas ao estritamente necessário.

Não é uma simplificação exagerada achar que o processo da memória é um drama em três atos:

1. Aquisição – recebimento de um item de informação novo
2. Armazenamento – seu arquivamento
3. Recuperação – pegá-lo de volta

Quando reclamamos que esquecemos algo, o que normalmente queremos dizer é que não conseguimos recuperar uma informação: não conseguimos encontrar esse negócio que está em algum lugar na nossa cabeça. Mas, se não estávamos prestando atenção, talvez essa informação nunca tenha sido armazenada. E o que não está armazenado, obviamente, não pode ser recuperado.

A Dra. Sewell explica: "A chave para um funcionamento saudável da memória em *qualquer* idade é a atenção. Tudo de que você precisa para melhorar a memória gira em torno dessa capacidade: prestar atenção. Assim você precisa aceitar o fato de que não dá para ler o jornal inteiro no metrô a caminho do trabalho, com pessoas discutindo ao redor e você ouvindo música. Mas, na verdade, você chega ao escritório e pensa: 'Meu Deus, estou perdendo a memória. Não consigo lembrar *nada* do que li esta manhã.' Ora, como você poderia lembrar? Quer dizer, um jovem de 18 anos consegue estudar para uma prova de química enquanto bebe cerveja e bate papo com os amigos e, ainda assim, passar de ano. Mas, ao ficar mais velho, você tem que ser seletivo. Seja *radical* nisso."

Continuo achando difícil terminar uma tarefa antes de passar para outra. Mas quando se trata de *categorias* de tarefas – como não ler e-mails até certa hora, não atender chamadas telefônicas não-emergenciais até realizar certo volume de trabalho, não sair para resolver problemas enquanto as contas não forem pagas –, descobri que, impondo seqüências rígidas, minhas ações ficam substancialmente mais organizadas.

Nos últimos anos, à medida que as multitarefas começaram a se tornar mais problemáticas, desenvolvi vários dispositivos mnemônicos bem simples, baseados em vínculos e associações – o tipo da coisa à qual a maioria chega intuitivamente – que funcionam bem para mim.

Sou fã dos acrônimos. Se tenho que apanhar meus sapatos no sapateiro amanhã, ir ao oculista corrigir o grau dos meus óculos e me lembrar de comprar manteiga, juntarei as iniciais *S* de *sapatos*, *O* de *oculista* e *M* de manteiga: SOM. Na manhã seguinte, não tem erro: SOM. Tente este método.

Ou recorro à velha e confiável técnica das imagens mentais. Visualizo o caminho que seguirei da minha casa ao sapateiro, de lá ao oculista e depois ao supermercado, realmente *vendo* aquela rota na minha imaginação.

Ou crio uma pequena narrativa: amanhã tenho que corrigir o grau dos meus óculos para conseguir ler a data de validade da manteiga e saber se os sapatos foram bem consertados.

Qualquer um desses métodos funciona. Mas, se a lista for longa, eu nem tento. Para que me torturar? Faça uma lista por escrito. É por isso que existem papel e lápis.

O TERCEIRO PROBLEMA DE MEMÓRIA, a diminuição da capacidade de absorver informações novas, também pode ser atenuado.

O que precisamos fazer, segundo a Dra. Sewell, é ser mais generosos conosco – um conselho sempre agradável. Precisamos nos conceder mais tempo para a absorção e a elaboração das informações.

Num teste de memória que ela descreve, lê-se uma história, uma única vez, a um grupo que reúne pessoas de 20 e de 70 anos. Meia hora depois, pergunta-se a cada um, individualmente, quanto da história consegue lembrar. Os jovens sempre lembram mais. E os mais velhos sempre perguntam: "Quer dizer que minha memória está piorando?"

Algumas pesquisas indicam que não é a memória em si que declina, e sim a rapidez do processamento cognitivo. "As pessoas mais velhas simplesmente necessitam de mais exposição ao material. Conte-lhes a história três vezes sucessivamente, e meia hora depois aqueles com 75 anos a lembrarão tão bem quanto os de 25", explica a Dra. Sewell.

As implicações são maravilhosas: "Se você estiver disposto a se concentrar um pouquinho mais, a reduzir as distrações, a repetir e praticar mais, pode aprender italiano aos 90 anos! Vai levar um pouco mais de tempo, mas, se não tiver nenhuma patologia, você vai chegar lá!"

Pessoas extremamente brilhantes e de alto desempenho, com empregos em que precisam se lembrar de muita coisa e em várias frentes ao mesmo tempo, costumam chegar ao consultório da Dra. Sewell *desesperadas*, porque sua eficiência vem declinando. Elas perguntam: "Como é possível que eu não me lembre de um romance que li na praia no último verão, mas consiga recordar monólogos do *Hamlet* que li no colégio?"

Bem, embora eu me sinta feliz por não me lembrar dos romances que li na praia no último verão, isso se relaciona com uma pergunta que já me fiz várias vezes: como é possível que eu não consiga recordar uma única frase dos diálogos de um filme que vi na semana passada, mas lembre com perfeição as letras de

"My Funny Valentine" e "My Way" e tantas outras canções interpretadas por Sinatra?

Resposta: repetição e elaboração.

Aqueles que estudaram *Hamlet* não se limitaram a ler a peça. Discutiram cena por cena, provavelmente tiveram de decorar o "Ser ou não ser...", praticar em casa, recitar em voz alta na sala de aula, dissecar linha por linha, escrever uma redação a respeito, fazer uma prova.

Em suma, tivemos muito mais contato com esse material do que com o best-seller que lemos em algumas horas no último verão. E Deus sabe quantas vezes na vida escutei ou cantei as minhas canções favoritas do Sinatra. Tempo de absorção? Com certeza, mais do que o suficiente para que ficassem entranhadas nos meus ossos.

Se você está com dificuldade em se lembrar das notícias, por exemplo, aqui vão alguns conselhos da Dra. Sewell. Não tente ler o jornal de cabo a rabo. Em vez disso, concentre-se nas matérias da primeira página. Ou leia apenas as manchetes e os primeiros parágrafos das reportagens. Leia várias vezes, fazendo perguntas a si mesmo para fixar melhor:

Qual é a palavra-chave do título?
Qual é a idéia central deste parágrafo?
Quais são os três principais argumentos?

E assim por diante, como se estivesse fazendo uma prova no colégio.

Eu testei o método. Pequeno investimento, grande retorno. Levei bem menos tempo para absorver muito mais informações que permaneceram mais tempo na memória.

O historiador Ronald Chernow, de 58 anos, que escreveu biografias de dimensões épicas, vencedoras de vários prêmios, como as dos banqueiros J. P. Morgan e John D. Rockefeller, precisa realizar proezas hercúleas de memória a cada livro. Ele conta como aplica o conceito de tempo de absorção: "Um bom macete para mim é pensar nisso como um processo em duas etapas. Primeiro, minha mente absorve algo. Mas aquilo desaparecerá se eu não reforçar. Portanto, faço anotações a respeito." (Ele faz essas anotações em fichas de cartolina pequenas. De 20 a 30 mil fichas por livro.) "Ou vou passear e reflito sobre aquilo, e depois faço anotações. Preciso daquela segunda etapa para fixar a informação na minha memória."

A Dra. Sewell diz que seu próprio pai é um exemplo perfeito do que conseguimos realizar quando nos concedemos tempo para absorver materiais novos. Com quase 70 anos, ele trabalha numa atividade que envolve a física do software.

"Meu pai vai a seminários com aqueles garotos – ele os chama de garotos, embora estejam na casa dos 30 – e precisa absorver uma enormidade de informações novas e complexas. E entra em pânico porque não consegue assimilar aquilo com tanta rapidez, enquanto os garotos no dia seguinte têm tudo nas suas cabeças. Ele acha que está desenvolvendo a doença de Alzheimer. Mas tenho certeza de que não está. Agora descobriu – graças às minhas conversas com ele, espero – que, se levar um manual para casa e passar algum tempo no fim de semana organizando as informações na cabeça, na manhã de segunda-feira está no mesmo nível do pessoal de 35 anos. Basta absorver as informações através de diferentes sentidos – ou seja, você não se limita a ler algo, mas toma notas, faz perguntas, repete em voz alta. São as estratégias compensatórias."

Mas quando se trata das diversas tarefas diárias, muitas vezes sobrepostas, da vida profissional, pessoal e social, não acho que valha a pena desafiar o cérebro. É melhor recorrer a uma tática infalível: as listas.

Pense nisto: será que os mestres da memória, as mentes mais afiadas trabalhando nos maiores centros de pesquisa do mundo, vão conseguir inventar algo melhor do que a lista de Coisas a Fazer Amanhã?

Nunca.

Tudo o que preciso lembrar é onde coloquei a lista.

– O horror daquele momento – o rei prosseguiu. – Nunca, jamais esquecerei.

– Você vai esquecer, sim – a rainha disse –, se não anotar num papel.

Lewis Carroll, *Alice no País do Espelho*

CAPÍTULO TRÊS

Altos e baixos

O lado bom do esquecimento

IMAGINE SHERLOCK HOLMES, o mestre imortal da memória, pregando as virtudes do esquecimento.

Holmes é capaz de dizer que marca de cigarro você fuma simplesmente cheirando a cinza e para onde você viajou examinando a poeira de seu sapato. Pois é Holmes – agraciado, como ele próprio gostaria de dizer, com uma excelente memória e uma percepção aguçada – quem nos ensina a importância de esquecer.

A lição está em *Um estudo em vermelho*, o primeiro livro de mistério de Sherlock Holmes. Eis o cenário:

Holmes e o Dr. Watson acabaram de se conhecer. Jovens e sem dinheiro, resolvem dividir um apartamento, a famosa residência em Baker Street, 221B.

Com a convivência, Watson começa a descobrir lacunas estranhas no rol de conhecimentos de seu colega, e o mais estranho é este: Holmes ignora que a Terra gira ao redor do Sol.

Watson não consegue acreditar. Está aturdido. Holmes explica:

> – Você parece espantado – ele disse, sorrindo ao ver minha expressão de espanto. – Agora que sei disso, me esforçarei para esquecer.
>
> – Para esquecer!
>
> – Veja bem. Considero o cérebro humano um pequeno sótão vazio que você precisa preencher com as mobílias que escolhe. Um tolo pega todo tipo de sucata com que se depara, desalojando os

conhecimentos que lhe poderiam ser úteis ou dificultando o acesso a eles. Já o indivíduo habilidoso tem muito cuidado com o que traz para seu cérebro-sótão: nada além das ferramentas que podem ajudá-lo em seu trabalho, num grande sortimento e na mais perfeita ordem. É um erro achar que esse pequeno aposento possua paredes elásticas e possa inflar sem limites. Com certeza, chega um momento em que, para cada acréscimo de conhecimento, você esquece algo que sabia antes. É da maior importância, portanto, não deixar fatos inúteis expulsarem os úteis.

– Mas o Sistema Solar...

– Que diabo ele é para mim? Você diz que giramos ao redor do Sol. Se girássemos ao redor da Lua, não faria a menor diferença para o meu trabalho.

Isso é o que eu chamo de autoconfiança.

Uma idéia interessante, a de que a mente opera como um sistema de porta giratória: um fato entra, outro fato sai. Interessante mas falsa.

Podemos bater nas nossas cabeças e dizer: "O disco está cheio" ou "Não tem mais espaço no disco rígido". Mas não sabemos realmente até onde as paredes do cérebro-sótão conseguem se expandir.

O neurologista Dr. Barry Gordon, fundador da Clínica da Memória do Hospital Johns Hopkins, em Baltimore, disse uma verdade: "Quando envelhecemos, há mais interferência de outras lembranças. Existe uma pilha de material em nossa cabeça que os mais jovens não têm."

O que é uma vantagem até certo ponto, como ele observa: você leva mais tempo para desencavar o que sabe, porque sabe muito mais do que antes. Mas não há nenhum indício de que uma porção desses conhecimentos tenha que ser descartada para abrir espaço ao conhecimento novo.

Holmes tem toda a razão, porém, em seu ponto central: esquecer é essencial. É indispensável. Esquecer, direi arriscando soar sentimental, é parte do que nos torna humanos – razão por que muitos especialistas em memória acreditam que somos biologicamente programados para esquecer.

Estou no consultório da Dra. Gayatri Devi, professora adjunta de neurologia e psiquiatria da Faculdade de Medicina da Universidade de Nova York e diretora do Serviço de Memória de Nova York, especializado no tratamento de distúrbios da memória. Seu consultório – onde inúmeros clientes expressam seus temores, muitas vezes equivocados, de que algo estranho vem acontecendo com suas memórias – parece uma elegante e confortável sala de estar.

A doutora está me explicando aquele processo pelo qual vivemos fazendo triagem, selecionando, filtrando os dados, tomando decisões sobre o que lembraremos ou não – tudo isso sem nenhum pensamento consciente.

"O que as pessoas esquecem é que somos destinados a esquecer. Por quê? Bem, porque a função básica de um organismo é sobreviver. Se eu não consigo esquecer neste minuto todas as coisas à minha volta nesta sala, se eu não consigo esquecer o que está nas paredes, o que está no chão, se eu não consigo esquecer o aspecto e a sensação de cada objeto aqui, se eu não consigo priorizar o que preciso lembrar, ficarei perdida em meio a todos os tipos de detalhes irrelevantes, não prestarei atenção em você, não conseguirei me conectar e falharei como organismo."

Sabemos perfeitamente como esquecer de propósito. Talvez inconscientemente, mas de propósito mesmo assim – sem querer, querendo. Por exemplo: esquecemos convites que caímos na armadilha de aceitar. (Uma boa regra aqui é não aceitar nenhum convite se você não pretende comparecer. Nem sempre a sigo, mas é uma boa regra.) Esquecemos de telefonar para pessoas porque estamos aborrecidos com elas, ou porque não se lembraram de telefonar para nós, ou por qualquer outro motivo.

Vários estudos mostraram que, quando nos sentimos deprimidos, temos grande dificuldade de lembrar os períodos felizes de nossas vidas, embora tenhamos lembranças nítidas dos períodos infelizes. A memória se alimenta da emoção, e a emoção, da memória, e assim vamos dando voltas. Ladeira abaixo.

É mais fácil esquecermos os nomes das pessoas de quem não gostamos do que daquelas que adoramos. Uma amiga subitamente teve um branco e não conseguiu lembrar o nome do ex-marido, com quem esteve casada 11 anos. "Dá para acreditar?", ela perguntou. Claro que dá. A mente, afinal, tem suas próprias razões. A memória é tendenciosa. Ela odiava aquele homem. O nome estava soterrado sob tantas camadas de ódio que não é de admirar que ela não conseguisse desencavá-lo.

Esquecer nomes é também uma forma consagrada e não necessariamente consciente de demonstração de superioridade. (O mundo gira, mas a natureza humana não. "Podemos, com proveito, às vezes esquecer o que sabemos", disse o escritor sírio Publilius Syrus. Em 42 a.C.)

Mas não era nada disso que Holmes tinha em mente. Ele estava falando da necessidade de abrir caminho em meio ao atoleiro de informações que nos assola a cada dia.

O neurologista Norman Relkin, da Cornell University, é claro: "Esquecer é quase tão importante quanto lembrar. Temos que ser capazes de esquecer coisas que não são importantes, porque do contrário viveríamos num estado perpétuo de sobrecarga de informações." Estaríamos em grandes apuros.

EXISTEM DISTÚRBIOS em que as pessoas perdem a capacidade de esquecer. Denominam-se, de fato, distúrbios do esquecimento.

O mais familiar, principalmente em épocas de guerra, é o distúrbio da tensão pós-traumática: as vítimas de eventos traumáticos, como incêndios, estupros, acidentes violentos, desastres naturais, são incapazes de escapar de suas lembranças (exceto, talvez, por intervenção química, uma perspectiva altamente controvertida).

Mas existem distúrbios do esquecimento menos familiares. O escritor argentino Jorge Luis Borges escreveu um conto famoso chamado "Funes, o Memorioso" sobre um aldeão que cai do cavalo e perde os sentidos. Ao recobrá-los, descobre que se tornou uma máquina da memória. O acidente, que o deixou inválido, também o deixou com uma memória perfeita. Ele se lembra de tudo. E não consegue esquecer nada.

Ele recorda cada coisa que já aconteceu com ele, cada fato que aprendeu, cada pessoa que conheceu, cada palavra que lhe falaram ou que ele falou, cada detalhe ("cada folha de cada árvore", Borges escreve) do que já entrou em sua linha de visão.

Trata-se do que os profissionais denominam memória eidética, ou memória visual, que os leigos costumam chamar de memória fotográfica. Cada lembrança reside no cérebro de Funes como uma imagem mental definida. Ele não consegue pensar nem dormir; tudo o que consegue fazer é lembrar. Está imobilizado pela carga de suas lembranças. "Minha memória, senhor, é como uma pilha de lixo", ele conta ao narrador.

O próprio Borges revelou que a história não passava de uma longa metáfora para a insônia. Mas, ao lê-la, pensei no caso real de um homem cujo destino se assemelhava ao do pobre Funes. Os dois casos guardam semelhanças espantosas, exceto que um é uma criação ficcional e o outro, um dos mais famosos estudos de caso da história das pesquisas da memória.

O psicólogo russo Alexandre Romanovich Luria, professor de psicologia da Universidade de Moscou, passou 20 anos estudando um paciente que chamou simplesmente de S. (mais tarde identificado como Shereshevskii). Em 1968, relatou suas descobertas num livro intitulado *A mente e a memória*, com o subtítulo *Um pequeno livro sobre uma vasta memória*.

Bota vasta nisso! O potencial da memória de S. era imensurável. Literalmente. Os cientistas não conseguiram medi-la. Aquelas paredes do cérebro-sótão da imaginação de Conan Doyle estavam simplesmente se escancarando.

"Fui incapaz", o Dr. Luria nos conta, "de realizar o que se imaginaria fosse a tarefa mais simples de um psicólogo: medir a capacidade de uma memória individual [...] pois parecia não haver limite para a capacidade da memória de S. ou a durabilidade dos traços que ele retinha."

O que os psicólogos denominam memória de curto prazo costuma desaparecer após alguns segundos, ao contrário da memória de longo prazo, que é o tipo de memória que vai para o armazenamento profundo. Um exemplo comum: você consulta um telefone na lista, repete-o enquanto vai até o aparelho, tecla o número, recebe um sinal de ocupado. Você desliga. Um minuto ou dois depois, quando resolve tentar outra vez, precisa consultá-lo novamente. Isso é memória de curto prazo.

Para S. não existia memória de curto prazo. Era sempre de longo prazo. Luria dava-lhe uma série de palavras ou números – 30, 50, 70 de cada vez – e ele recitava a série na ordem exata. Quando Luria voltou a testá-lo mais tarde, 15 anos depois, época em que S. havia se tornado famoso, realizando façanhas de memória de escala olímpica, ele ainda conseguia recitar, sem falhas, qualquer uma das séries.

O funcionamento de mentes assim constitui um mistério. Provavelmente essas pessoas têm uma estrutura mental diferente das outras. São dotadas por natureza de memórias privilegiadas, que podem ser ainda mais aguçadas por recursos mnemônicos elaborados, substituindo letras por números e criando imagens visuais bizarras – técnicas que dominam com facilidade, ao contrário de nós.

Pessoas com memórias prodigiosas assim podem acabar, como aconteceu com S., se apresentando em público. Elas pedirão a 100 membros da platéia que digam seus nomes e depois repetirão os nomes, na ordem perfeita, para surpresa de todos. A memória eidética pode ser uma bênção, ou ao menos uma fonte de dinheiro. Mas também pode ser uma maldição, como aconteceu com S., que, por mais que tentasse, simplesmente não conseguia esquecer.

Como o Funes da ficção, ele pensava em imagens. Como Funes, não conseguia ir além dos detalhes visuais que inundavam seu cérebro para captar o sentido por trás deles. Aquele era um homem que realmente não conseguia ver a floresta no lugar das árvores.

Quando tentava ler, cada palavra evocava uma imagem visual separada, criando o caos. Ele não conseguia generalizar, não conseguia categorizar, não conseguia interpretar a experiência. Só conseguia lembrá-la em termos literais, fotográficos.

Na verdade, é assim que a memória funciona nos bebês, dessa maneira literal. "O conceito é que, quando você é bebê", diz o Dr. Relkin, "consegue guardar uma representação literal de suas experiências sensoriais, mas sem a capacidade de reunir aquilo em alguma espécie de seqüência significativa, fora da ordem em que realmente ocorreu."

Na infância, ele explica, você começa a ser capaz de juntar as coisas, mas "precisa ter 7 ou 8 anos para ser capaz de contar uma história fora da seqüência temporal. E aí você vai um pouco além, começa a falar simbolicamente e a extrair temas de sua história, em vez de necessariamente recordar literalmente o que aconteceu. De modo que a direção do desenvolvimento é rumo à capacidade de codificar representações cada vez maiores, mas com cada vez menos detalhes. É o preço que você paga: para ser capaz de formular abstrações e pensar simbolicamente, precisa abrir mão daquela espécie de memória primária, eidética."

S. pagou exatamente o preço oposto: ele conservou essa memória incrível, mas abriu mão – não que tivesse outra opção – do desenvolvimento normal. O que sua memória extraordinária criou, o Dr. Luria nos conta, foi uma mente que era uma pilha de detritos.

Anos atrás, na revista do jornal *The New York Times*, escrevi um perfil do homem que era então o principal médico-legista da cidade, o lendário Milton Helpern. Descrevi como ele me mostrou um slide do rosto de uma vítima de assassinato, um globo ocular delicadamente suspenso sobre a maçã do rosto. "Parece uma daquelas pinturas surreais do Dalí", o Dr. Helpern observou. "Eis a vida imitando a arte."

A vida imitando a arte. A lembrança dessa frase voltou quando li sobre Funes, com sua mente que era uma "pilha de lixo", uma ficção escrita quase um quarto de século antes da história real de S., com uma "pilha de detritos" ocupando sua mente. Eis a arte se antecipando à vida.

Às vezes, deitada na cama à noite, vendo o que consigo recordar dos acontecimentos do dia e tentando, sem sucesso, lembrar o que comi no almoço, sou capaz, por um agradável e fugaz momento, de concordar positivamente com Holmes. Esqueça isso, eu penso. Devo me sentir grata por não recordar o que comi no almoço. Não há nenhuma razão para lembrar.

Devo me sentir contente pelo fato de ter esquecido a cor dos olhos de alguém, informação irrelevante para o meu bem-estar. Devo me sentir alegre por não recordar cada rosto que vejo na rua, cada palavra da página de um dicionário, cada nome numa sala apinhada. É verdade que, com freqüência, lembro o que não preciso lembrar e esqueço o que não quero esquecer – o que, na minha visão, transforma minha própria mente numa pequena pilha de lixo. Devo tentar melhorar isso. Mas, até lá, devo me lembrar de ficar contente por conseguir esquecer.

Pensando bem, é uma sorte.

CAPÍTULO QUATRO

Ele lembra, ela lembra

HOMENS, MULHERES E MEMÓRIA

NUMA MANHÃ DE DOMINGO, eu me distraía com palavras cruzadas e perguntei ao meu marido:

– Você se lembra do nome do atacante do Forty Niners, com nove letras?

– Claro. Jerry Rice.

Eu jamais lembraria. Mas consigo me lembrar do vestido que usei no baile de formatura do colégio. Era de tule preta, com detalhes em seda fúcsia, o decote deixava os ombros à mostra e as mangas eram...

Chega! O que quero dizer é que, embora muitas mulheres adorem futebol e sejam totalmente indiferentes a roupas, estamos falando de médias aqui, e essas mulheres não estão na média. Eu estou na média. As mangas eram curtas e bufantes, com lacinhos pretos.

Esse é o tipo de coisa que costumava ser chamado, sem nenhuma base científica, de prova da "natureza das mulheres" e "natureza dos homens". A teoria da natureza não tem sido muito popular nas últimas décadas – sobretudo após o ressurgimento do movimento feminista, para o qual a idéia de diferenças inatas entre os sexos, exceto as anatômicas básicas, é politicamente incorreta. Mas a ciência triunfa sobre a política, e a tecnologia de exames do cérebro – PET (tomografia por emissão de pósitrons) e fMRI (imagens por ressonância magnética funcional) – permitiu aos pesquisadores realmente ver nossas mentes, dando um novo fôlego ao velho debate natureza versus criação.

Uma grande quantidade de testes psicológicos nos últimos anos mostra diferenças específicas entre a memória de homens e mulheres. O que eles não apontam é a causa. Entre as diferenças estão:

- Os homens possuem melhor memória espacial e senso de orientação, enquanto as mulheres possuem melhor memória visual. O que significa que, ao decidirem como ir de um lugar a outro, os homens recorrem mais a pistas direcionais; as mulheres recorrem mais a pontos de referência.
- As mulheres geralmente se saem melhor naquilo que os psicólogos denominam *memória episódica*, como em "Qual foi a última vez que vimos os Silva?" Essa é uma vantagem que nós, mulheres, aparentemente conservamos até a idade avançada, época em que a pergunta talvez seja: "Quando foi a última vez que vimos Esquecionome?"
- As mulheres têm melhor memória como testemunhas oculares, relatando com mais fidelidade os detalhes de um acidente ou crime violento. A maioria dos grandes detetives particulares da literatura pode ser do sexo masculino, mas na vida real as mulheres são mais sherlockianas do que os homens.
- As mulheres têm melhor memória para eventos autobiográficos. Também entre as crianças, as meninas conseguem se lembrar de eventos autobiográficos melhor do que os meninos.
- As mulheres se lembram com mais facilidade de experiências relacionadas com pessoas. Um estudo indica que, mesmo com apenas poucos meses, a maioria dos bebês do sexo feminino consegue recordar as pessoas que conhece e distinguir suas fotografias daquelas de estranhos. Os do sexo masculino geralmente não conseguem.

- As mulheres têm melhor memória para experiências ligadas às emoções, positivas ou negativas. Nós costumamos lembrá-las com muito mais detalhes do que os homens.
- Algumas pesquisas chegam a indicar que as mulheres são melhores para lembrar nomes, mas eu não sou um bom exemplo disso.

Eis onde entra em cena o debate natureza versus criação: por que devem existir essas diferenças entre os sexos?

É claro que elas poderiam resultar do comportamento estereotipado aprendido. Se os homens mostram uma memória verbal mais fraca e uma memória emocional mais fraca, deve ser porque são encorajados a falar menos e a calar o bico. Se, por outro lado, recordam melhor uma rota, pode ser porque é isso que se espera deles em nossa cultura, assim como se espera que as mulheres se lembrem mais das experiências interpessoais.

Ou pode ser que nosso condicionamento cultural realmente afete a forma como nossos cérebros funcionam, que o cérebro aprenda a lembrar mais eficientemente as coisas que se espera que lembre.

Ou pode haver uma mistura de fatores culturais e biológicos.

Eu me inclino a acreditar na hipótese da criação: as diferenças entre os sexos se devem principalmente à engenharia social que começa no primeiro dia na maternidade, quando os bebês recebem braceletes de identificação rosa ou azul. Se meu marido se lembra do seu primeiro carro (nos mínimos detalhes) e eu do meu primeiro beijo (em cinemascope), é porque essas são as coisas que nossa sociedade espera que homens e mulheres recordem.

Sempre acreditei nisso. Por isso chamou a minha atenção um artigo publicado na página de Opinião do *The New York Times*, alguns anos atrás, defendendo a natureza. Foi escrito por um eminente psiquiatra e psicólogo, o Dr. Simon Baron-Cohen, diretor do Centro de Pesquisas do Autismo da Universidade de Cambridge, na Inglaterra.

Naquela época, o então presidente de Harvard, Lawrence H. Summers, havia sugerido num discurso que, por diferenças inatas, as mulheres poderiam ser menos dotadas que os homens para matemática e ciência. Uau! A coisa pegou fogo em Harvard. Muitos membros do corpo docente queriam ver Summers na forca ou ao menos na rua. Ele resistiu seis meses à tempestade e depois pediu demissão. (A indignação persistiu, e em 2007 Drew Gilpin Faust foi nomeada a primeira presidente de Harvard em seus 371 anos de história. "Harvard aguardou um longo tempo: desde 1636", disse eufórica uma professora.)

O Dr. Baron-Cohen iniciou seu ensaio com uma pergunta: "O presidente de Harvard foi injustamente punido?"

De fato, ele disse, testes de diferenças entre os sexos podem revelar a superioridade masculina em ciências. Mas os testes refletem tão-somente as médias. Não informam nada sobre os indivíduos – "o que significa que, se você é mulher, não há nada que a impeça de se tornar um Prêmio Nobel em sua área de investigação científica. Um bom cientista é um bom cientista independentemente do sexo."

Tendo feito essa simpática advertência, o articulista passou para o grande "porém": muitos testes psicológicos mostram que, em média (uma expressão sagrada nessa área de pesquisas), os homens se saem melhor em matemática, mecânica e física – ou seja, na compreensão de sistemas. Já as mulheres, em média, se dão melhor em línguas, comunicação, relações sociais, percepção emocional – na compreensão de pessoas.

Será que o condicionamento exerce um papel nisso tudo? É claro, ele diz, mas algumas diferenças são observadas tão cedo na vida que a biologia deve desempenhar um papel também. Ele retrocede até antes do nascimento, a um processo que começa no útero, com o fluxo do hormônio testosterona.

A testosterona é produzida por ambos os sexos, mas muito mais no homem, e está envolvida no desenvolvimento do cérebro. É esse hormônio, acredita o Dr. Baron-Cohen, que determina se acabaremos com uma tendência maior a compreender sistemas ou pessoas. Quanto mais alto o nível de testosterona no feto, maiores as chances de que o bebê venha a desenvolver o que ele denomina um tipo de cérebro *sistemizador*. Níveis extremamente elevados podem produzir um "cérebro masculino extremo", caracterizado pelo tipo de interesse obsessivo por alguma atividade sistemática que costuma estar associado ao autismo.

Sistemizador. Gostei desta palavra.

Pensei no personagem de Borges, Funes, aprisionado em sua memória perfeita.

Pensei em S., o paciente do psicólogo russo Luria, com sua memória incrível.

Pensei naqueles prodígios da memória que se exibem nos palcos.

Talvez houvesse entre eles alguma mulher, mas quase sempre são homens, e todos usam sistemas elaborados de memorização.

Pensei: será que a memória é facilitada pela sistematização? Será que a mnemônica se baseia em sistemas? A mnemônica, de fato, *consiste* em sistemas! Isso poderia significar que os homens estão programados para tipos de memória diferentes daqueles das mulheres?

Com esse pensamento, arrumei minhas perguntas na bagagem e fui entrevistar o Dr. Baron-Cohen.

Fui até seu escritório, num daqueles prédios veneráveis da Universidade de Cambridge onde as cadeiras rangem e os corrimões de madeira brilham com a pátina dos séculos.

O Dr. Baron-Cohen aborda com cautela a questão das diferenças entre os sexos. A maioria dos pesquisadores trata assim esse assunto melindroso, mas às vezes o clima esquenta. Por exemplo, num debate em Harvard entre os psicólogos Steven Pinker (natureza) e Elizabeth Spelke (criação), o Dr. Pinker afirmou: "Dizem que existe um termo técnico para pessoas que acreditam que meninos e meninas nascem indistinguíveis e têm suas naturezas moldadas pela socialização no lar. O termo é: *sem filhos*."

Mas poucos pesquisadores estariam dispostos a avançar com tanta audácia pelo tema da natureza quanto a Dra. Anne Moir, que escreveu, em co-autoria com David Jessel, *Brain Sex: The Real Difference Between Men and Women* (Sexo do cérebro: a diferença real entre homens e mulheres). "Os sexos são diferentes porque seus cérebros são diferentes. O cérebro tem estruturas diferentes em homens e mulheres; processa informações de maneiras diferentes, o que resulta em percepções, prioridades e comportamentos diferentes", diz ela.

Descobertas que respaldariam esse ponto de vista têm sido "discretamente engavetadas", afirma a Dra. Anne, por serem politicamente incorretas. "Mas costuma ser melhor agir com base na verdade, em vez de insistir, com a melhor das intenções, que a verdade não tem o direito de ser verdadeira." A Dra. Anne não se deixa levar pelos absurdos do politicamente correto.

Perguntei ao Dr. Baron-Cohen sobre as diferenças entre os sexos que ele descobriu em idades tão prematuras que parecem ser biológicas. "É difícil descartar a ação do meio ambiente, a não ser que se consiga testá-las no nascimento ou relacioná-las a fatores pré-natais, mas vemos diferenças bem no início do desenvolvimento."

Ele mencionou um teste em que sua equipe de pesquisa filmou em vídeo crianças de um ano brincando no chão. Podendo escolher entre dois filmes, um mostrando um rosto e outro sobre carros, os meninos olharam mais para os carros, e as meninas, para o rosto.

Bem, eram crianças de um ano. Não me impressionei. Muito condicionamento pode ser realizado no primeiro ano de vida.

Mas no teste seguinte que o Dr. Baron-Cohen descreveu, mais de 100 bebês foram filmados enquanto duas coisas eram mostradas: um rosto humano e um móbile mecânico do mesmo tamanho, forma e cor do rosto. As meninas olharam mais para o rosto, e os meninos, para o móbile.

– Esse teste também foi aplicado em crianças de um ano?

– Não – ele respondeu. – De um dia.

Seus pesquisadores haviam testado bebês cujos níveis pré-natal de testosterona puderam ser medidos no líquido amniótico congelado de suas mães. Com um ano, aqueles com níveis pré-natais menores, quase sempre meninas, mostraram mais contato visual, habilidades de comunicação e, geralmente, mais sociabilidade. Os que tinham níveis mais altos mostraram mais interesse em coisas mecânicas.

Num estudo de acompanhamento dessas crianças aos quatro anos, as constatações iniciais se mantiveram. As crianças com os menores níveis de testosterona continuaram mais avançadas nas habilidades lingüísticas e sociais. As que apresentaram níveis maiores eram menos avançadas socialmente e mais restritas em seus interesses.

"Quando obtivemos esses resultados", escreve o Dr. Baron-Cohen em seu livro *Diferença essencial: a verdade sobre o cérebro de homens e mulheres*, "tive uma dessas sensações estranhas, como um calafrio descendo pela espinha dorsal. Algumas gotas a mais daquela pequena substância química podia afetar sua sociabilidade e capacidade lingüística. Achei extraordinário."

Minha pergunta, então, era: aquela "pequena substância química" poderia produzir também diferenças de memória entre os sexos?

O Dr. Baron-Cohen não tinha explorado essa questão, e ninguém mais parece ter-se debruçado sobre o tema em profundidade. Mas certamente as diferenças que aparecem nos testes se enquadram na teoria da testosterona do cérebro do tipo masculino (mais atraído pelas coisas) e do cérebro do tipo feminino (mais atraído pelas pessoas).

Perguntei a ele se as pessoas com "cérebro masculino extremo", o tipo que ele associa ao autismo, tendem a ter memórias acima da média.

– Sim. Obviamente, existem tipos diferentes de memória. Os estudos indicam que pessoas com autismo podem ter uma memória melhor para fatos, mas não para experiências. Fizemos um estudo de adolescentes com talento matemático, vencedores de uma Olimpíada de Matemática, e tivemos a oportunidade de examinar traços autistas no grupo. Os autistas tiveram uma pontuação superior à média.

– Como foi a distribuição por sexo? – eu quis saber.

– A maioria era do sexo masculino.

– Ligeiramente? Predominantemente?

– Esmagadoramente.

Por que as coisas são assim?

Suponhamos, por um momento, que a natureza desempenhe um papel, por meio daquela "pequena substância química". Suponhamos que as diferenças entre os sexos sejam, ao menos em parte, inatas, que o homem médio seja naturalmente melhor no âmbito das coisas, e que a mulher média seja melhor no âmbito das pessoas. Se você aposta em Darwin, deve se perguntar: em termos evolutivos, em que a sobrevivência das espécies é a regra suprema, essas diferenças servem a qual propósito?

As teorias evolucionistas são, notoriamente, difíceis de provar ou refutar, mas com freqüência parecem lógicas. Imagine, por exemplo, nossos ancestrais se aventurando na localização e caça das presas. Deve ter sido vital entender a mecânica das coisas. Assim como uma boa sintonia com as pessoas provavelmente era fundamental para quem permanecia na base domiciliar, cuidando das crianças e dependendo do apoio da comunidade.

"Em termos evolutivos, os dois sexos viviam em mundos bem diferentes. Nossa situação hoje talvez reflita as pressões evolutivas naquele tempo sobre os dois sexos."

Consideremos a bem documentada diferença de memória entre os sexos: melhor memória espacial para os homens; melhor memória visual para as mulheres.

Em termos evolutivos, isso faz todo o sentido. Quando o homem da Idade da Pedra ia à luta para trazer comida para casa, uma boa memória direcional era bem mais útil do que uma boa memória para pontos de referência. Quando penso num ponto de referência, penso no posto de gasolina em frente ao supermercado ou na primeira placa de "pare" após o sinal. Ora, não havia muitos pontos de referência nas vastas e indiferenciadas extensões da planície ou selva pré-histórica.

E qual é o paralelo com os dias de hoje? O que chama minha atenção nessa diferença específica entre os sexos é sua aplicação atual. Finalmente, eis a resposta para o que sempre considerei um dos grandes mistérios da vida: por que tantas brigas entre casais ocorrem dentro do carro?

Você conhece o roteiro. Ele parece seguir este padrão:

ELE: Tenho *certeza* de que estamos na direção certa. Estamos indo para o norte.

ELA: Tenho *certeza* de que deveríamos ter pegado o retorno. Passamos por aquela igreja 10 minutos atrás.

Ao diálogo se segue uma escalada de agressividade, depois o silêncio e, enfim, a chegada ao destino, com bastante atraso.

Finalmente eu entendo. A culpa não é nossa, mas (possivelmente) da testosterona, ou da falta dela.

É bom entender isso. Também é bom ter em mente que uma forma de lembrar como ir de um lugar a outro não é necessariamente melhor do que outra. São simplesmente maneiras diferentes de ver a paisagem – tanto a exterior quanto a interior.

P.S. Considero meu dever relatar (o que faço com satisfação) que, no mesmo dia da entrevista com o Dr. Baron-Cohen, li num jornal londrino uma reportagem sobre um concurso nacional de sudoku que dizia: "Nina Pell, 18 anos, estudante universitária de Gales, resolveu facilmente um desafio diabólico, deixando os homens para trás. As mulheres ficaram com o primeiro, o segundo e o quarto lugares, demolindo a crença comum de que os homens são melhores do que as mulheres em matemática."

E chega de falar de médias!

CAPÍTULO CINCO

Estou dançando o mais rápido possível

EXERCÍCIO E MEMÓRIA

VIVO COM UM HOMEM que vai para a cama animado e acorda mal-humorado. Ele toma café, lava a louça e mergulha no jornal. Não se pode dizer que encoraje a conversa.

Uma hora após o café da manhã, ele vai fazer ginástica. Fica lá 40 minutos e, ao voltar – maravilha! –, está alegre de novo.

É o exercício, ele diz. O exercício desperta o cérebro. Ele explica:

– Quando acordo, eu me sinto atordoado. Não consigo pensar claramente. Estou letárgico. Tudo o que consigo fazer é ficar sentado quieto, lendo. Meu corpo está acordado, mas meu cérebro ainda está adormecido. Então vou para a ginástica, faço 20 minutos de esteira, levanto pesos e subitamente tudo se aclara! Consigo pensar! Meu cérebro desperta!

Ele diz que ouve isso de outras pessoas que fazem exercícios com regularidade: seus cérebros despertam. Regularidade – eis a palavra-chave. Meu marido faz ginástica dia sim, dia não. Não há chuva, nem neve, nem uma manhã preguiçosa de domingo, nem uma maldita congestão nasal, nem nada no mundo que o impeça de se exercitar em dias alternados.

E eu? Eu tomo resoluções, sou exímia nisso. Tenho resoluções de ano-novo para cada dia do ano. No tocante aos exercícios físicos, resolvo fazer amanhã. Nada mais conveniente, já que moramos num prédio equipado com uma academia no subsolo. Quando chega amanhã, geralmente existem motivos prementes para fazer outras coisas, de modo que deixo os exercícios para depois de amanhã. A não ser que surjam outras razões urgentes, o que sempre acontece.

Ou melhor, acontecia, até a descoberta de certos fatos sobre exercícios e memória que foram novidade para mim e talvez sejam para você também.

Voltemos um pouquinho àquele santíssimo quarteto de imperativos que os especialistas em memória vivem apregoando: uma dieta saudável, uma boa noite de sono, controle do estresse e prática regular de exercícios físicos e mentais.

Quanto à dieta e repouso, alguém aí ignora a eficácia de uma dieta com muita proteína e pouca gordura e de dormir bem? Não precisamos entrar em detalhes.

Quanto ao fator estresse, desejo boa sorte. Gostaria de poder ajudá-lo nisso, mas já tenho problemas suficientes com meu próprio estresse.

Mas, em relação aos exercícios, as pesquisas – o tipo de pesquisa impossível de se realizar até bem recentemente – ofereceram algumas surpresas.

A primeira surpresa: os exercícios mentais nem sempre são eficazes.

Assim como o exercício físico nutre o corpo, o mental nutre a mente. Até aqui, tudo bem. Mas um estudo de longo prazo denominado ACTIVE – em que quase 3 mil adultos mais velhos receberam treinamento para aguçar a memória, a capacidade de raciocínio e a velocidade de processamento de novas informações – produziu uma miscelânea de resultados.

Os pesquisadores descobriram que o treinamento realmente trazia benefícios, mas não conseguia retardar a taxa normal de perda de memória. A melhora era seletiva. Pessoas treinadas em tarefas como lembrar listas de palavras ou os pontos principais de uma história desenvolviam uma memória melhor para aquele tipo de tarefa. Mas a melhoria não parecia se estender à conduta do dia-a-dia. Em outras palavras, você pode praticar palavras cruzadas até sonhar com elas e descobrir palavras novas e chiques (e até decorá-las), mas o exercício pode não ajudar muito a lembrar onde você estacionou o carro.

O que não me impedirá de fazer palavras cruzadas. Primeiro, porque gosto. E segundo, porque no ano que vem os pesquisadores podem chegar a uma conclusão diferente. Acontece muito disso nas ciências da saúde. Pense nas reviravoltas envolvendo a mamografia anual, a terapia de reposição de hormônios e os remédios antiinflamatórios. Daqui a um ano, podem descobrir que o exercício mental não ajuda muito a memória, mas exerce algum outro efeito benéfico. (Como aconteceu com o remédio L-dopa, desenvolvido para tratar a doença de Parkinson, mas que teve o efeito totalmente imprevisto de deixar alguns pacientes sexualmente excitados. Se isso foi considerado um efeito benéfico, não sei – e é melhor nem perguntar.)

Ou podem simplesmente descobrir que estavam errados – que o exercício mental é a melhor coisa que você pode fazer por sua memória.

Yaakov Stern, neuropsicólogo do Centro Médico da Universidade de Colúmbia, acredita que essa ainda é uma questão em aberto. Stern está criando programas para pessoas mais jovens, a fim de testar se os exercícios cognitivos podem protelar, ou mesmo impedir, a perda de memória ligada à idade. O mercado foi inundado por programas de exercícios cognitivos que fazem grandes promessas, mas apresentam poucos resultados duradouros. O Dr. Stern acha que talvez os pesquisadores ainda não tenham desenvolvido os tipos certos de exercícios cognitivos.

A segunda surpresa: os exercícios físicos também não dão *necessariamente* resultados. Mas, quando dão, o efeito é maravilhoso. Tudo depende do tipo de exercício que você realiza.

Sempre entendemos, de forma vaga e intuitiva, que os exercícios físicos fazem bem para nós, seja lá o que isso signifique.

Os adeptos de atividades físicas descobriram na prática o que os cientistas só viriam a saber por testes: os exercícios regulares parecem proporcionar estímulo ao cérebro. Como isso acontece? Por que acontece? Os praticantes de exercícios não fazem a menor idéia. Sabem apenas que acontece.

Na verdade, os próprios pesquisadores pouco sabiam até o desenvolvimento da tecnologia de tomografia do cérebro, que permite ver não apenas a estrutura do cérebro, mas também precisamente quais partes dessa estrutura são ativadas por diferentes tipos de estímulo.

A tomografia do cérebro foi incorporada ao vasto arsenal médico sem grande alarde ou percepção por parte dos leigos. Mas foi essa tecnologia extraordinária que abriu todo o campo incrível e revelador da neurociência humana – um campo que realmente explodiu nos anos 1990.

A própria neurociência tem cerca de 100 anos. Mas, até o advento da tomografia do cérebro, ela se restringia praticamente à pesquisa experimental com animais, pela razão óbvia de que não dava para ver o que estava acontecendo dentro do cérebro de seres humanos vivos. A tecnologia de tomografia do cérebro foi uma verdadeira revolução – ainda é, com descobertas prodigiosas pipocando o tempo todo e com outras ainda mais incríveis por vir. Aposto que as gerações futuras verão essa tecnologia como o maior avanço no conhecimento do comportamento humano desde que Freud desenvolveu sua teoria do inconsciente. Infelizmente não estarei aqui para conferir.

Portanto, eis o que os estudos de tomografia do cérebro nos revelaram sobre os efeitos, antes impossíveis de se detectar, dos diferentes tipos de exercícios físicos sobre a cognição:

Alongamento e musculação são bons. Ninguém pode dizer que não sejam. Fico sentada horas por dia com o nariz grudado na tela do computador, e logo minhas pobres costas artríticas começam a protestar. Se me levanto e pratico apenas cinco minutos de exercícios de alongamento, eles operam milagres para as minhas costas. Mas não fazem nada por meu cérebro. Você pode praticar alongamento e musculação o dia inteiro, com todo tipo de efeitos desejáveis para você, seus músculos, ossos, flexibilidade, equilíbrio, bem-estar físico geral e, provavelmente, ao menos por algum tempo, seu nível de estresse. Mas não há indícios de que essa prática contribua significativamente para a sua cognição.

Os exercícios aeróbicos contribuem.

Quando ouvi falar disso, fiquei perplexa do mesmo modo como sempre me surpreendi com, digamos, a aspirina: como a aspirina sabe ir até a parte do corpo que está doendo? O mesmo ocorre com a aeróbica: como um tipo específico de exercício físico – e não outro! – exerce um efeito no meu cérebro? Como meu cérebro soube reagir àquele tipo de exercício?

Fiz a seguinte pergunta ao Dr. Stern:

– Isso acontece porque a aeróbica envia mais oxigênio ao cérebro, certo?

– Mais oxigênio, pode ser... – ele disse. – Porém, o principal fator é químico. Foram realizados estudos controlados em que pessoas mais velhas tiveram que realizar exercícios aeróbicos, alongamento e musculação. As atividades aeróbicas beneficiaram de forma desproporcional o funcionamento do cérebro. Existe um composto químico chamado BDNF (fator neurotrófico derivado do cérebro) que parece ajudar diferentes processos envolvidos no aprendizado de algo novo. E o que os estudos constataram foi que os exercícios aeróbicos geram mais dessa substância química.

Agora entendo o entusiasmo do meu marido ao dizer: "Então, vou para a ginástica, faço 20 minutos de esteira, levanto pesos e subitamente tudo se aclara! Consigo pensar! Meu cérebro desperta!"

– É a química que faz os neurônios funcionarem bem – Stern explica. – Como os neurônios se comunicam entre si, como desenvolvem novas conexões, tudo depende de substâncias químicas e proteínas. O neurônio é uma célula especializada do cérebro com duas partes. Uma parte recebe informações. A outra envia as informações para outro neurônio. A transmissão de informações de uma parte do neurônio para outra é elétrica. Mas a transmissão *entre* neurônios, a maneira como cada um se comunica com outro, é química. O neurônio libera uma substância química, um neurotransmissor, na lacuna entre os neurônios, a chamada sinapse. E essa substância estimula o próximo neurônio, criando uma pequena carga elétrica que se desloca. Em algum ponto isso fará o neurônio disparar.

Hum.

– Tipo assim um orgasmo – observei.

O professor ouviu minha humilde contribuição científica. Ele riu.

– Sim, é isso mesmo. Um orgasmo da cognição.

Existem 100 bilhões de neurônios realizando seu serviço, disparando sinais elétricos. Não sei como alguém consegue contá-los. Sei que essa é uma estimativa considerada conservadora – alguns pesquisadores acreditam que possam existir até 200 bilhões ou mais. E existem trilhões (há quem diga centenas de trilhões, mas, nesse nível estratosférico, qual a diferença?) de sinapses. E estão em constante atividade, redes de neurônios e sinapses se formando e enfraquecendo, se formando e enfraquecendo, e, quanto mais fortes essas redes, mais robusta será essa atividade elétrica e química incessante – e mais robusto será o cérebro.

Ficamos mais velhos e a formação continua, mas o enfraquecimento pode começar a ultrapassá-la. Portanto, qualquer coisa que reforce a ação será boa para as nossas memórias.

A terceira surpresa: os exercícios aeróbicos não se limitam a melhorar a "memória" – não é algo tão impreciso assim. Eles partem como um pombo-correio, como minha aspirina misteriosa, para melhorar exatamente os tipos de memória que começam a dar trabalho na meia-idade, como a problemática realização de múltiplas tarefas simultaneamente.

Ora, as multitarefas são uma função dos lobos frontais do cérebro, que, como já disse, estão entre as primeiras áreas do cérebro a serem afetadas pelo envelhecimento, razão por que executar várias tarefas ao mesmo tempo se torna difícil. Além disso, células do cérebro morrem e outras são geradas ao longo de nossas vidas, mas a produção se reduz à medida que envelhecemos – e em algumas partes do cérebro, como nos lobos frontais, parece se reduzir até parar.

– Havia uma grande controvérsia sobre a produção de células novas – diz o Dr. Stern. – Acontece apenas em uma parte do cérebro ou em outras também? Agora tende-se a achar que só acontece no hipocampo, que é muito importante para a memória.

A função multitarefas pode ser melhorada pelos exercícios aeróbicos por causa dessa substância química, BDNF, que é gerada pela aeróbica. Ela ajuda as células que já estão ali a sobreviver.

Os pesquisadores acreditavam que o que causava nossos problemas de memória eram as mudanças em áreas específicas do cérebro – a perda de neurônios que ocorre naturalmente com o envelhecimento. Mas o enfoque mudou. Agora eles enfatizam as mudanças na comunicação entre áreas do cérebro. Não é só o número de neurônios que importa, mas também a força das conexões entre eles. (Na verdade, a perda de neurônios não é mais considerada tão importante. Podemos perder vários milhões a cada dia; grande coisa, considerando-se o que tem lá dentro.) São essas conexões sinápticas que começam a diminuir de número e perder potência com o envelhecimento normal, e a teoria é que a aeróbica fornece, por assim dizer, aquela "injeção na veia".

O EFEITO DA AERÓBICA sobre o desempenho mental tem sido demonstrado em muitos experimentos com animais, principalmente ratos. Quando os ratos correm até perder o fôlego sobre rodas colocadas em suas gaiolas, em seguida eles realizam certas tarefas cognitivas mais depressa e melhor do que os ratos que ficam deitados sem fazer nada.

Mas o trabalho revolucionário, feito com pessoas como nós, foi realizado por Arthur F. Kramer, professor de neurociência e psicologia da Universidade de Illinois, em Urbana-Champaign, e sua equipe. Eles pegaram grupos de voluntários, variando da meia-idade à velhice, todos com boa saúde e vidas moderadamente sedentárias, e os submeteram a programas de treinamento físico de seis meses. Alguns participantes realizaram exercícios aeróbicos – essencialmente caminhada – e outros, musculação.

– Alguma surpresa? – perguntei a Kramer.

– Sim. Descobrimos que, se você estivesse no grupo das caminhadas, conseguia realizar certas tarefas cognitivas 15% a 20% mais depressa do que se estivesse no grupo da musculação. Isso realmente nos surpreendeu.

– As pessoas tiveram que caminhar rápido para obter esses resultados? – quis saber.

– Não. Apenas caminhar. Elas começaram com 15 minutos por dia e foram progredindo até caminhar uma hora três vezes por semana.

Os estudos de Kramer foram os primeiros a medir melhorias em tarefas específicas chamadas, pelos especialistas, de *processos de controle executivo* – que são funções daquela área do lobo frontal do cérebro onde o envelhecimento ocorre primeiro. Além da capacidade de executar mais de uma tarefa simultaneamente, estamos falando de planejamento, programação, atenção e bloqueio de distrações. (Segundo algumas pesquisas, a distração é um problema maior do que a falta de atenção.)

Os processos de controle executivo também incluem algo denominado parada, que, no jargão, significa abortar reações pré-planejadas. Kramer me deu o seguinte exemplo:

– Você está dirigindo, pronto para virar à esquerda, quando subitamente vê um pedestre no seu caminho...

Entendido.

Antes do início do programa de treinamento físico, testou-se o desempenho dos voluntários nessas tarefas. Ao final, ao serem testados novamente, os que praticaram caminhada ficaram bem na frente do grupo da musculação – prova de que podemos compensar algumas perdas impostas pela natureza.

Pense nisto: uma melhoria de 15% a 20% na realização de várias tarefas simultâneas, no planejamento, na programação, na atenção e no bloqueio de distrações, além de evitar aquela virada perigosa à esquerda.

E tem mais uma coisa:

– Descobrimos – disse Kramer – que a combinação de aeróbica e levantamento de pesos gera benefícios cognitivos ainda maiores.

Depois que soube disso, três vezes por semana estou correndo na esteira, levantando pesos e dançando o mais rápido possível.

O que não me impede de fazer os exercícios mentais. Porque, seja lá o que façam ou deixem de fazer pela memória, é muito bom quando funcionam.

CAPÍTULO SEIS

Mulheres e elefantes

AS COISAS QUE JAMAIS ESQUECEMOS

PERGUNTE A UMA DÚZIA DE PESSOAS: "Quais são as experiências pessoais que você nunca esquecerá?" Elas dirão mais ou menos o que você espera ouvir: a morte da mãe, o nascimento da irmã, o dia do casamento, o dia do divórcio, o dia em que a casa pegou fogo, o dia em que descobriu que "aquele safado (para não dizer coisa pior) estava me traindo"... As respostas de sempre.

Mas continue insistindo, descasque mais algumas camadas de lembranças e você acabará fazendo uma descoberta surpreendente: uma lembrança da infância que até hoje – 30, 40, 60 anos depois – continua dilacerando a alma. E o que pode surpreender mais nessa lembrança é que, para você, ela se afigura tão trivial, tão mundana, tão esquecível que você não consegue entender por que ela se fixou na psique com tamanha tenacidade.

Por que algumas lembranças se fixam tão obstinadamente?

Quanto mais emocional a experiência, mais persistente será a lembrança. Entendemos isso intuitivamente. Mas por quê? No nível biológico, o que está acontecendo?

Nesse nível, é pura química.

Alojada comodamente na curva do hipocampo está aquela pequena usina de força em forma de amêndoa, a amígdala, a mediadora das emoções. O psicólogo de Harvard Daniel L. Schacter a denomina "o computador emocional do cérebro". A amígdala sinaliza medo, por exemplo, e os hormônios ligados à tensão entram em ação. A pulsação se acelera, os membros ficam trêmulos, a temperatura do corpo muda, o peito fica pesado com uma espécie de inquietação premonitória e vem aquele súbito afluxo na garganta.

É o fluxo de adrenalina. Quanto maior o medo, mais a adrenalina flui, e quanto mais a adrenalina flui, mais profunda será aquela lembrança. Não dá para retirá-la com um pé-de-cabra.

Profundamente gravados no emaranhado de tecidos e fios onde reside a memória de longo prazo estão os traumas da infância. As alegrias também. Mas são as agressões aos sentimentos – um insulto, uma rejeição, uma rivalidade, um constrangimento, mesmo que pequeno – que parecem ter maior poder de permanência.

Um bom exemplo é o ressentimento entre irmãos.

Um psicanalista famoso contou-me certa vez sobre um paciente que reclamava que seus pais haviam favorecido seu irmão mais velho. Ele vivia choramingando e se lamentando por causa daquele irmão e, certo dia, como prova, trouxe uma foto dele com o irmão tirada quando tinham 4 e 6 anos, ambos segurando cestas de Páscoa.

– Está vendo? – ele disse em triunfo. – A cesta dele é bem maior do que a minha!

O paciente tinha 35 anos.

Aqui está um homem de 61 anos falando sobre seu irmão gêmeo:

"Tínhamos uns 7 ou 8 anos. Estávamos fazendo bagunça pela casa e ele esbarrou no aparador e quebrou um vaso. Saiu gritando: "Mãe, Danny quebrou seu vaso!" Eu disse: "Não fui eu! Foi ele." Mas ela não acreditou em mim, porque na semana anterior eu havia quebrado algo e ela me passara um enorme sermão sobre a falta de cuidado. E quando meu pai chegou em casa, ela disse: "Danny quebrou um vaso", e eu levei uma baita surra. Eu queria matar meu irmão. Eu queria matar meu pai e minha mãe também. Sinto até hoje aquele gosto terrível de injustiça. Durante muito tempo tive essas fantasias homicidas."

Vejamos a sensação de impotência. Uma amiga minha – essas histórias costumam ser desagradáveis, e quem as conta prefere permanecer anônimo – recorda:

"Eu tinha 5 anos. Estava na frente de casa brincando de 'perua' com a bolsa e as luvas de minha mãe. Dois garotos maiores arrancaram a bolsa de mim e começaram a atirá-la um para o outro, sobre a minha cabeça, como uma bola. Fiquei correndo para lá e para cá tentando pegá-la, e eles ficaram rindo e me chamando de boba, e então comecei a chorar."

Ao lembrar o episódio cinco décadas depois, ela fica lacrimejante. "Meu Deus, que raiva senti. *Raiva impotente*. Toda a minha vida, esse é o sentimento que não consigo enfrentar, que me deixa maluca. E sempre acreditei que foi por causa daquele dia."

Vejamos o constrangimento.

"Eu tinha 8 anos. Vi três garotas adolescentes – deviam ter uns 15 ou 16 anos – do outro lado da rua, dançando. Tentei imitá-las. Dei uns passinhos. Aí ergui o olhar e vi que elas haviam parado de dançar e apontavam para mim, aos risos. Corri para casa. Pensei que fosse morrer de humilhação. Ainda consigo ouvi-las rindo, aquelas idiotas."

A mulher tem 68 anos. Tendo contado a história, ela depois enviou um e-mail descrevendo as "idiotas" vistas 60 anos antes.

Vejamos o orgulho ferido:

"Foi a única vez que levei uma surra. Eu tinha 5 anos, estávamos jantando e eu estava irritada por alguma razão. De propósito, derramei açúcar no chão. Meu pai limpou-o e disse que, se eu fizesse aquilo novamente, ia me bater. Eu joguei o açúcar de novo, e ele me pôs sobre o joelho e bateu em mim, não com força, mas diante dos meus irmãos!

Eu disse: 'Vou-me embora daqui!' Corri até meu quarto, peguei meu suéter e minha boneca prediletos, coloquei-os numa espécie de mochila e saí de casa. Fui até a esquina, aí parei e examinei minhas opções. Era outubro e estava escurecendo. Lembro que pensei: 'Vai ficar escuro daqui a pouco e estou com fome.' De modo que voltei para casa.

Anos depois, minha mãe revelou que ela e meu pai ficaram o tempo todo me observando pela janela. Contaram aquilo para todos os amigos. Acharam muito engraçado."

Louise, de 53 anos, continua sem saber até hoje qual é a graça.

Agora eis um episódio triste de minha própria vida, portanto não riam:

"Estou na segunda série. Nossa querida professora Miss Palm trouxe uma vasilha cheia de folhas de outono coloridas. Cada uma de nós tem o prazer, o inestimável deleite, de escolher sua própria folha. Vamos depois colá-las em pedaços de cartolina.

Miss Palm coloca um pouco de cola em cada cartolina. Logo a minha cola termina. Levanto a mão para pedir mais. De novo, fico sem cola e volto a erguer minha mão.

– Martha – ela diz –, qual o problema? Todos os outros têm cola suficiente.

Que vergonha. Agora entendo o problema: os outros estão colocando um tiquinho de cola nas suas folhas, uma gotinha aqui, outra gota ali, enquanto eu estou tentando cobrir toda a superfície. As garotas estão dando risadinhas.

Não consigo falar. Não consigo respirar. Quero morrer, e vou acabar morrendo mesmo, de burrice."

Fim da história. Agora conte a sua.

A dor física também se fixa na memória, mas de forma diferente. Meu irmão consegue lembrar a dor que sentiu mais de meio século atrás, quando um valentão das redondezas bateu nele, quase quebrando seu braço. Mas bem mais viva é a lembrança da sensação de vergonha por ter apanhado na frente dos colegas e de ter sido salvo pela nossa mãe.

A dor física é meramente lembrada; a dor emocional pode ser plenamente revivida – uma distinção curiosa.

Ao contar uma dessas histórias traumáticas, uma amiga se transporta para o dia 17 de junho de 1959.

– Estou com 12 anos. A novocaína não surtiu efeito, por isso eles me seguram na cadeira para arrancar dois dentes. Era para arrancarem quatro, mas só conseguiram extrair dois, porque desmaiei.

Fico horrorizada.

– Sua mãe não os impediu?

– Ela não estava comigo no dentista, e eu nunca contei para ela. Nunca contei a ninguém. Não consegui falar daquilo por 30 anos, pois a experiência foi emocionalmente devastadora.

As lembranças não precisam ser dolorosas para ficarem gravadas. O neurologista Norman Relkin, da Universidade de Cornell, diz: "Os pacientes às vezes perguntam: 'Como é possível eu não recordar o que comi no almoço, mas lembrar como foi meu aniversário de 10 anos?' Bem, algumas tarefas da memória são intrinsecamente mais difíceis do que outras. E pessoas que temem estar com um distúrbio de memória muitas vezes não distinguem essas coisas. Elas esquecem algo e se preocupam imensamente com isso. Mas parte do desafio é reconhecer que nem todos os tipos de lembrança são igualmente fáceis. Eventos que ocorrem repetidamente, de forma estereotipada, como almoços, são dificílimos de lembrar. A primeira coisa que o cérebro faz é colocá-los na categoria de almoços, e você tem milhares deles."

Mas aniversário de 10 anos só existe um.

O inconsciente é um armário lotado. Não temos idéia de tudo o que existe lá com o rótulo Coisas que Nunca Esquecerei.

Por que eu deveria acordar de um sonho dizendo em voz alta "324-3074" – o telefone de minha mãe, que eu discara pela última vez havia mais de duas décadas?

Se alguém tivesse me perguntado: "Qual era o telefone da sua mãe?", eu teria respondido: "Por que cargas-d'água devo lembrar isso? Minha mãe está morta há 24 anos." Mas ali estava o número, vivo e pulsando, no meu inconsciente.

Por que meu marido deveria entrar na cozinha certa manhã, ainda com os olhos turvos, e anunciar sem mais nem menos: "19204376"? Seu número de série da Força Aérea. De 1946.

Eu perguntei:

– O que fez você pensar nisso?

– Sei lá.

– Você estava sonhando?

– Não sei.

– Você lembraria do número se eu perguntasse?

– De jeito nenhum.

Os psicólogos falam da *memória de armazenamento profundo*. Nesse nível de profundidade, trata-se de congelamento a baixa temperatura. Mas a lembrança pode vir à tona e degelar de uma hora para a outra.

Essas experiências pessoais que lembramos com tanta freqüência costumam ser histórias que adoraríamos esquecer. Mas eis a ironia: trata-se exatamente do tipo de lembrança não afetada pelo envelhecimento. Você pode esquecer o nome do entregador do jornal, onde deixou seus óculos, quais problemas precisa resolver esta manhã e quem lhe contou o que na noite passada, mas o tempo não consegue apagar a humilhação que sentiu quando fez pipi nas calças na primeira série. Foi exatamente isso que aconteceu com a mãe de uma amiga, e a lembrança do que tinha ocorrido quando ela tinha 6 anos ainda a assolava aos setenta e tantos anos. Aquilo doía.

"A memória é moldada pela emoção", explica Gayatri Devi, neurologista e psiquiatra de Nova York. "Se fizéssemos um gráfico de fatos e emoções, ambos contribuiriam igualmente, na minha opinião, para o que é armazenado no seu cérebro."

PERGUNTE A ATORES PROFISSIONAIS o que causou as lembranças mais humilhantes de suas vidas, e a resposta será com freqüência esta: falha de memória.

É claro. Não dava para ser diferente.

Se você e eu estamos conversando e você esquece o que ia dizer, o que acontece? Outro pensamento surgirá num minuto. Mas se você está no centro do palco, sob refletores brilhantes o suficiente para captar cada sinal de medo nos seus olhos, exposto a centenas de pessoas que pagaram uma nota preta para ver você atuar e de repente esquece sua fala... Meu Deus, não quero nem imaginar!

– É como morrer. Eu estava fazendo o espetáculo... – Quem conta é Priscilla Lopez, de 58 anos, que participou da montagem original de *A Chorus Line*, nos anos 1970, e continua atuando até hoje. – E comecei a canção principal. Subitamente esqueci o que vinha a seguir. Pensei: "O que aconteceu? Ai, meu Deus", o suor escorrendo do meu rosto. Era como se eu tivesse saído do meu corpo e estivesse olhando para mim naquele palco. Foi terrível...

Enquanto conta o episódio, ela repete a cena com vigor, paralisada, mãos levantadas em pânico dos dois lados da cabeça:

– Fiquei paralisada feito uma morta e depois saí do palco. Não se pode fazer isso! Nos bastidores, o pânico era geral. Meu Deus. Essa é minha pior lembrança.

"MULHERES E ELEFANTES jamais esquecem uma afronta." Esta é uma frase sábia do escritor Hector Hugo Munro (codinome Saki).

Eis uma outra, do Don Juan de Lord Byron: "Doce é a vingança – especialmente para as mulheres."

Não sei como os elefantes entraram nessa história (embora seja verdade que tenham fama de ter boa memória), mas esqueça a parte sobre as mulheres.

Sim, existem diferenças entre os sexos no tocante à memória. Mas essa não é uma delas. Tanto os homens quanto as mulheres são mestres em acumular ofensas. Se existe um desequilíbrio, é na outra direção: um estudo recente sugere que, quando se trata de acalentar um insulto, conservar um rancor ou curtir uma vingança, os homens têm uma memória mais aguçada do que as mulheres.

O estudo foi realizado no Departamento de Neurociência de Imagens do Cérebro do University College de Londres. Os pesquisadores organizaram 32 voluntários em duplas. Eles tinham que participar de um jogo. Se ambos os parceiros jogassem cooperativamente, os dois venciam. Mas havia alguns impostores no grupo, atores instruídos a agir de forma egoísta. Logo todo mundo ficou com ódio deles. Os voluntários foram então submetidos a tomografias do cérebro enquanto viam diferentes participantes recebendo choques elétricos brandos.

Sempre que uma pessoa cooperativa recebia um choque, todos os colegas ficavam com pena – os centros de empatia dos seus cérebros se acendiam.

Quando um jogador egoísta recebia um choque, os cérebros dos homens registravam prazer. Vingança!

As mulheres? Seus centros de empatia continuavam brilhando como vaga-lumes.

ATORES, ESCRITORES, DIRETORES e todos aqueles cujo trabalho é examinado por críticos profissionais possuem uma memória notável para críticas ruins. Conheço vários deles e sei que, anos depois, conseguem lembrar cada adjetivo desfavorável escrito sobre seu trabalho.

Certa vez, eu caminhava pela área dos teatros em Manhattan com um amigo que é crítico teatral, quando um ator conhecido veio andando na nossa direção. Meu amigo disse um "Oi!" caloroso, e o ator passou por nós fingindo que não o reconhecera.

– O que aconteceu? – perguntei.

– Vinte anos atrás, fiz a crítica de uma peça da qual ele participou. Embora tenha elogiado sua atuação, fiz uma ressalva a algum pequeno detalhe. Ele nunca me perdoou por isso.

Recentemente assisti a um programa de TV em que Paul Newman e Robert Redford falavam sobre o início de suas carreiras. Foi pouco antes de Newman anunciar sua aposentadoria, aos 82 anos. Sua confiança, inventividade e memória já não eram mais tão brilhantes, ele disse (soando ainda em plena forma), para que pudesse trabalhar no nível que exigia de si mesmo. Aquilo me entristeceu, porque Paul Newman, mesmo abaixo do seu grau de exigência, é bem melhor do que a maioria.

Por outro lado, achei graça do depoimento de Redford. Ele recordava com precisão o que um importante crítico de jornal escrevera sobre uma de suas primeiras atuações: "Ele disse que eu fui artificial e exagerado."

Aquilo acontecera décadas atrás, mas Redford não esquecera, o tom de orgulho ferido ainda transparecendo na sua voz.

Ao fazer a pergunta: "Qual experiência pessoal você nunca esquecerá?" a várias pessoas, constatei alguns padrões. Descobri que uma lembrança supera todas as demais na lista das inesquecíveis: testemunhar duas pessoas fazendo amor.

Pessoas que flagraram seus pais no ato tendem a lembrar a cena décadas depois com precisão fotográfica.

Essa história me foi relatada por uma mulher de 78 anos. Ela tinha 8 anos quando o fato aconteceu e, pela precisão dos detalhes, constitui um bom exemplo do efeito da emoção sobre a memória:

"Meus pais me levaram a Nova York para a Feira Mundial de 1939. Ficamos num hotel que era uma espelunca, com dois quartinhos contíguos, um com uma cama de casal e outro com um sofá-cama. Tive medo de ficar sozinha num local estranho, de modo que minha mãe dormiu no sofá-cama comigo.

Acordei no meio da noite, e ela não estava mais ali. Ouvi um rangido alto e soube que era aquela cama. Quer dizer, eu não sabia o que eles estavam fazendo. Ainda não entendia sobre sexo, mas sabia que havia sido abandonada e que mamãe estava naquela cama com meu pai.

Assim, rumei para o quarto. Deu para ver tudo. Havia muita luz vindo da rua. Um grande letreiro em néon fora da janela não parava de piscar. A cama não parava de ranger, e vi aquela grande bunda branca subindo e descendo. Eu não tinha a menor idéia do que aquilo significava, mas fiquei furiosa e disse: 'Eu sabia que você estaria aqui!'

Minha mãe levantou a cabeça do travesseiro, e nunca esquecerei o olhar de pânico no rosto do meu pai. Ele ficou paralisado, depois saiu de cima dela e se cobriu. Eu voltei irada para o sofá-cama e depois minha mãe veio me contar que aquilo era algo que pessoas casadas faziam porque se amavam.

Meu pai só tocou no assunto comigo muitos anos depois, quando eu já estava casada. Ele ruborizou e disse que eu era tão pequena que não devia me lembrar de nada. E eu disse: 'Ah, não? A cama estava rangendo, uma luz piscava lá fora e você estava só com a camisa do pijama. De listras azuis e brancas.'"

Algumas lembranças não querem calar.

CAPÍTULO SETE

As 57 variedades de memória

GIL: Comemos num ótimo restaurante na semana passada.

CARLOS: Foi? Qual o nome?

GIL: Não me lembro. Soa como... qual o nome daquela flor, a vermelha, com espinhos?

CARLOS: Rosa?

GIL: É isso aí! Rosa! Rosa (gritando para alguém fora do palco), qual o nome daquele restaurante onde comemos na semana passada?

A PIADA PARECE VELHA, mas ainda a adoro. Adoro pela maneira como pega dois tipos diferentes de lembranças e as junta para fazer rir.

Como observa o neuropsicólogo da Universidade de Colúmbia Yaakov Stern, os psicólogos nunca falam simplesmente de memória. Eles falam de diferentes tipos de memória que envolvem partes diferentes do cérebro. Mas a coisa não é tão certinha assim. A memória está por toda parte no cérebro, e quando você armazena ou recupera qualquer lembrança específica, muitas partes do cérebro entram em ação.

É bem complicado, mas não precisamos saber tudo nos mínimos detalhes. À medida que os especialistas mapeiam a memória, ela se torna mais ou menos como uma árvore genealógica – com ramos saindo do tronco e galhos saindo dos ramos e galhinhos saindo dos galhos e assim por diante. O importante é aparar os galhos para que possamos ver a forma, captar a idéia básica e assim adquirir mais controle. Você não se desespera quando esquece o nome do restaurante onde comeu na semana passada, porque sabe que se trata de um lapso comum e entende por quê. (Se você esquecer o nome de seu cônjuge, a história é bem diferente.)

Para começo de conversa, nem todo tipo de memória é igualmente afetado pelo envelhecimento. Alguns tipos quase não são afetados. A denominada memória episódica, que logo descreveremos, é a mais vulnerável ao envelhecimento. E a chamada *memória de trabalho*, como veremos adiante, é limitada para todos, independentemente da idade.

Os especialistas discutem a localização exata de cada coisa na árvore da memória. Mas a maioria concorda que ela possui três ramos principais ou sistemas de memória: *memória declarativa* (ou *explícita*), *memória de trabalho* e *memória não-declarativa* (ou *implícita*).

A memória declarativa é a que conscientemente armazenamos e acessamos. Ou tentamos acessar, como quando algo "está na ponta da língua" mas não conseguimos lembrar. Fatos, rostos, palavras, acontecimentos, experiências pessoais e impessoais... quase tudo o que conhecemos sobre o mundo e sobre nós pertence ao sistema da memória declarativa.

Desse ramo declarativo saem dois grandes ramos secundários: *memória semântica* e *memória episódica*.

A memória semântica abrange, essencialmente, fatos, informações adquiridas pela transmissão do saber de forma escrita, visual e sonora:

O Empire State Building fica em Nova York.
Sexta-feira vem depois de quinta-feira.
Poodle é uma raça de cachorro.
Um restaurante é um lugar aonde você vai para comer.

A memória episódica abrange tudo o que faz parte da experiência pessoal:

Fizemos uma visita ao Empire State Building.
Até que enfim é sexta-feira!
Minha cadela é (na verdade era, coitadinha) uma poodle preta chamada Gwendolyn.
Comemos num ótimo restaurante na semana passada.

O que nos traz de volta à piada da Rosa. Quando Gil não consegue se lembrar do nome do restaurante aonde foi na semana passada, trata-se de um lapso da memória episódica, e ele não precisa se preocupar, porque esquecer essas coisas é normal. Todo mundo é assim.

Quando ele não consegue lembrar o nome da esposa com quem está casado há 30 anos, esse é um lapso da memória semântica, e Gil deve se preocupar. Rosa também. Porque a maioria dos nomes, inclusive de conhecidos casuais, pessoas que você simplesmente conheceu, pessoas que raramente vê ou em quem quase nunca pensa – em suma, os nomes de pessoas que não são íntimas –, pertence geralmente à memória episódica. Mas o nome do seu cônjuge de longa data, assim como os nomes de seus pais, irmãos, filhos, pessoas cujos nomes você conhece tão bem quanto o seu, deveria estar gravado no concreto da memória semântica.

Portanto, ou Gil tem um grave problema de memória, ou Gil e Rosa têm um grave problema matrimonial. Ou ambos.

A memória semântica é tenaz. Mesmo na idade avançada ela persiste. Enquanto a memória episódica é aquela desgraçada que começa a brincar de esconde-esconde conosco por volta dos 50 anos, quando já perdemos algumas centenas de milhões de células nervosas. (Não é uma grande perda, como já observei, pois se estima que o cérebro possua de 100 a 200 bilhões delas.)

As duas perguntas a seguir traduzem bem a diferença entre esses dois tipos de memória declarativa: "O que são óculos?" e "Onde deixei meus óculos?".

É isso aí.

O conhecimento semântico, como lembrar os pratos que estão na sua cozinha há séculos, fica armazenado principalmente na parte posterior do cérebro. Mas o conhecimento que envolve um contexto específico, como lembrar que tipo de comida você comeu nesses pratos no domingo passado, é comandado basicamente pela parte frontal. Chama-se *memória contextual* – exemplo: "Topei com ela um dia desses, mas *onde*? *ONDE*?" –, e é um dos tipos de memória episódica menos confiáveis. Para a maioria de nós, um verdadeiro demônio.

Tudo isso é normal. É o que acontece quando você tem algo na ponta da língua mas não consegue lembrar. Mas o que faz com que as pessoas morram de preocupação é que (a) elas não sabem que é normal e (b) esse é o mesmo tipo de memória que perdemos primeiro em situações anormais. Assim, elas aguardam ansiosas na sala de espera do médico e desabafam: "Vou ver um filme e, em poucos dias, não consigo lembrar nem sequer o título, e foi exatamente isso que vi acontecer com meu tio, que sofria de Alzheimer. Meu Deus, será que eu também...?"

Provavelmente não. Ao contrário da crença popular, a doença de Alzheimer não é fortemente hereditária.

Existe também a *memória prospectiva*, que alguns neurologistas consideram um sistema separado. Em essência, significa memória para eventos futuros. Lembrar-se de tomar o remédio, de pegar dinheiro no caixa eletrônico, de ir ao almoço que você marcou com uma garota – tudo isso pertence à memória prospectiva. Ela vem em dois sabores: baseada no tempo (lembrar-se de tomar o remédio em determinados horários) e baseada em evento (lembrar-se de pagar o dinheiro que você deve a um amigo quando se encontrarem para o almoço).

Normalmente, nos saímos bem melhor na memória baseada em evento do que naquela baseada no tempo, graças a um pequeno artifício cognitivo chamado *pré-ativação*: a visão do amigo faz você se lembrar do dinheiro.

TAMBÉM NO SISTEMA DECLARATIVO existem as *memórias de curto* e *de longo prazo.*

Em termos bem básicos: uma experiência se transforma em memória por um processo denominado *codificação.* Voltemos por um momento àquele problema terrível do esquecimento de nomes. Você encontra Celina, diz "Prazer em conhecê-la, Celina", e repete silenciosamente: Celina, Celina, Celina.

Parabéns: agora você codificou a experiência.

No dia seguinte, você vê Celina na rua, mas não consegue lembrar o nome dela. Isso porque você o codificou apenas superficialmente. Ele permaneceu cerca de um minuto na memória de curto prazo e depois desapareceu. Para sempre.

Para codificá-lo mais profundamente, você teria que elaborar mais esse nome, associá-lo de certa forma a coisas que já conhece, como descrevi antes. Cada lembrança codificada cria um padrão diferente de conexões entre neurônios. Quanto mais você elabora, quanto mais fortes as conexões, mais forte a memória.

O que os especialistas sempre enfatizam sobre o armazenamento a longo prazo na memória é que algo em que não se presta atenção não pode ser armazenado. Aquilo *some.* E, com o correr do tempo, prestar atenção pode se tornar mais difícil. Contudo, prestar atenção é uma das chamadas funções executivas governadas pelo lobo frontal que podem ser melhoradas pelos exercícios aeróbicos.

Memórias de curto e de longo prazo estão entre as várias expressões de que sempre lancei mão sem saber seu significado exato. Quão curto é o curto prazo? Quão longo é o longo prazo?

Submeti minha perplexidade ao professor Stern, que me assegurou que não existe uma diferença clara.

– Quando falamos de um ou dois minutos, deve ser curto prazo, e longo prazo se refere a dias, semanas ou anos. Mas memória de *curtíssimo* prazo é um sistema ligeiramente diferente.

Chama-se *memória de trabalho*, ou *operacional.* É nela que as coisas são primeiro registradas. Funciona como uma espécie de bloco de rascunho, como um número de telefone que você conserva na cabeça até anotá-lo. O número de telefone fugidio é o exemplo favorito dos especialistas em memória quando descrevem a memória de trabalho.

– O que acontece com a memória de trabalho – explica o professor Stern – é que aquilo que entra desaparecerá se não for conservado. Se você conservá-lo suficientemente, será armazenado na memória declarativa. E aí, ao recuperá-lo da memória, aquilo voltará ao bloco de rascunho. Esse é o lugar onde você utiliza e manipula a informação. É mais ou menos o que acontece no seu computador: você tem documentos armazenados no disco rígido mas, quando quer trabalhar com um deles, precisa recuperá-lo do disco rígido para a memória operacional da máquina.

Os sistemas estão todos funcionando juntos, mas a memória de trabalho depende de áreas cerebrais diferentes da memória de longo prazo.

Chegamos agora ao terceiro ramo da árvore, denominado memória não-declarativa, ou memória implícita. É o tipo que usamos sem que tenhamos a menor consciência disso.

Memórias sensoriais – memórias de um som particular, uma visão, um cheiro e assim por diante – podem ser conscientes ou inconscientes, dependendo de quão familiares são.

Por exemplo, se você adora churrasco na brasa e passa perto de uma churrasqueira ao ar livre, não precisa tentar descobrir que odor é esse. O reconhecimento vem sem nenhuma percepção consciente.

Mas, quando você passa por alguém que está usando, digamos, Chanel Nº 5, um perfume que você só cheirou uma vez, tempos atrás, e o cheiro chega ao centro olfativo do seu cérebro, a tendência é que ocorra uma reação plenamente consciente: *Onde foi que eu senti esse perfume antes? Quando? Quem estava usando?*

Em contraste, a verdadeira memória implícita é sempre inconsciente. Ela resiste a praticamente qualquer forma de distúrbio da memória, a não ser que nos tornemos um vegetal. Também é chamada de *memória de procedimentos*: praticamente inesquecível, totalmente automática, o tipo de memória sobre a qual nunca pensamos.

Memória de procedimentos é aquilo em que Sinatra nunca pensava quando cantava, em que Astaire nunca pensava quando dançava, em que Tiger Woods nunca pensa quando movimenta seu taco de golfe. Na verdade, se pensasse a respeito, poderia até atrapalhar sua tacada.

A memória de procedimentos é o que poderíamos chamar, em termos não-técnicos, de memória do saber como. Saber como andar, como beber num copo, como amarrar o cordão do sapato.

O sistema da memória de procedimentos desenvolve-se cedo na vida. Por outro lado, um dos mistérios da memória é a chamada amnésia da infância: por que não nos lembramos de quase nada do que aconteceu conosco antes dos 4 ou 5 anos? Alguns raros indivíduos podem até ter lembranças nítidas e claras de períodos anteriores a essa idade, mas a maioria de nós não tem.

"Freud acreditava que era porque, desde cedo, existem traumas que bloqueiam a memória e ficam reprimidos no inconsciente", explicou-me o eminente antropólogo biológico Terrence Deacon, da Universidade da Califórnia, em Berkeley. "Mas acredito que atualmente a maioria das pessoas duvida disso. Nós realmente não dispomos do pleno componente dos sistemas de memória até termos entre 5 e 7 anos. Acho que o que acontece antes dessa idade é que desenvolvemos a memória de procedimentos, aprendendo a língua e outras habilidades. Como essas habilidades estão se desenvolvendo, a biologia não quer que sejam perturbadas por um monte de memórias episódicas num período em que a criança não precisa enfrentar a realidade episódica. Durante a infância, se você é mamífero, recebe todos os cuidados. Não precisa retroceder e lembrar um episódio da sua vida. Tudo está sendo resolvido para você. Ainda não existe demanda por esse sistema episódico, por assim dizer. Quando você começa a atuar mais ou menos por conta própria, com autonomia, é que realmente precisa dele. E a essa altura, o sistema da memória de procedimentos está bem consolidado."

Ou seja, a memória de procedimentos é a primeira a entrar e a última a sair. A episódica é a última a entrar e, lamentavelmente, a primeira a sair.

Mas pense nisto: seria bem pior se fosse o contrário.

A memória de procedimentos está tão profundamente arraigada que consegue até operar independente do hipocampo, o centro de memória do cérebro, embora os pesquisadores cognitivos ainda não entendam precisamente como isso funciona.

Mas eu vi seu funcionamento. Certa vez conheci uma mulher que havia sido um prodígio musical, uma pianista brilhante. Aos 16 anos já dava concertos internacionais. Aos 17, sofreu um grave colapso esquizofrênico. Ficou internada nos 30 anos seguintes, recebendo repetidamente choques elétricos.

Quando saiu de lá e foi acolhida por parentes, continuava vivendo em seu próprio mundo estranho, pois as conturbações do seu cérebro deixaram-na estranhamente fria, e ela tinha poucas lembranças do que havia ocorrido dois dias atrás. Mas se a colocassem diante de um piano, operava milagres. Os dedos lembravam.

Memória de procedimentos é o que seus dedos lembram quando você amarra o cordão do sapato, o que seus pés lembram quando você anda de bicicleta. Como minha velha e falecida amiga Helen Singer Kaplan, conhecida psiquiatra e terapeuta sexual, costumava dizer, é o que seu corpo lembra quando você faz amor.

– Essa é a última coisa que desaparece – ela anunciou certa vez a um público surpreso, mas atento, à minha mesa de jantar. – Enquanto você estiver fisicamente saudável, poderá fazer amor mesmo que nem se lembre com quem.

Viva a memória de procedimentos!

CAPÍTULO OITO

Amnésia à moda de Hollywood

ESQUEÇA

UMA HISTÓRIA REAL: Trudy, uma estilista de calçados bem-sucedida, enviuvou aos 57 anos de forma triste e súbita. Seu marido, ao voltar de uma reunião de negócios, sofreu uma trombose a bordo do avião e morreu. Nunca gostei muito dele, mas, mesmo assim, reconheço: triste e súbito.

Os amigos vieram dar os pêsames a Trudy. Uma semana se passou, depois duas, e seus filhos começaram a insistir para que ela voltasse ao trabalho.

Um mês após a morte do marido, Trudy retornou ao escritório. Ao voltar de carro para casa, ao longo da mesma rota de 23 quilômetros que viera percorrendo duas vezes por dia, cinco dias por semana, durante mais de 20 anos, ela atingiu um poste em alta velocidade, fraturou o ombro e a costela, sofreu vários cortes e contusões, ficou hospitalizada por alguns dias, e depois viu-se novamente recebendo os amigos em casa.

As manifestações de solidariedade foram enormes. Todo mundo adorava Trudy. Os amigos se mostravam perplexos e formulavam todas as perguntas óbvias. Como foi possível aquele acidente? Afinal, ela conhecia o trajeto tão bem que poderia dirigir de olhos vendados. Será que Trudy, em sua dor, tentara se matar?

Nenhum deles sabia que o marido de Trudy era psicologicamente agressivo. Nenhum deles sabia que Trudy mantivera o casamento só por... Bem, por aqueles motivos que as pessoas têm para permanecer num casamento infeliz. Nenhum deles sabia que, antes de partir naquela viagem, ele revelara que tinha uma namorada e queria o divórcio. Sua morte, por mais lamentável, veio na hora certa. Salvou-a da dor e da humilhação de viver num subúrbio conservador como uma esposa rejeitada. Em vez disso, ela se tornou a viúva estóica e admirada.

Alguns meses depois, conversamos sobre o ocorrido e eu ousei perguntar: ela tentara se matar?

– Não!

Então o que havia acontecido?

– Não tenho a menor idéia. Eu estava dirigindo distraída. Estava pensando num calçado que ia criar.

Não é preciso ter pena de Trudy. Ela se casou novamente, com um homem maravilhoso, mas isso não vem ao caso. Eis a questão: esquecendo os detalhes emocionais e considerando apenas os fatos, o que aconteceu com ela foi o tipo de coisa que já ocorreu com quase todos nós.

Vejamos outro exemplo:

Você está indo de um lugar familiar para outro. A pé, de carro, de bicicleta – não importa como. Você chega, olha ao redor, ligeiramente confuso, surpreso, ao perceber que não tem nenhuma memória consciente – nenhuma! – de ter ido do ponto A ao ponto B. Como cheguei aqui? Quanto tempo levei? Onde estava, o que estava fazendo, o que estava vendo, em que eu vinha pensando no trajeto?

Talvez você estivesse criando um calçado. De qualquer modo, seus pensamentos estavam distantes e devem ter sido agradáveis. Ou você não pensava em nada conscientemente, seguindo no piloto automático porque o trajeto era tedioso e rotineiro e você poderia dirigir de olhos vendados.

Qualquer que fosse a causa, você não estava prestando atenção. Minha mente, costumamos dizer, estava divagando, como se – separada do cérebro – pudesse levantar vôo e tomar sua própria direção. Em certo sentido, ela pode.

Meu amigo, o que você está experimentando nesses momentos é uma forma de amnésia. Ela pode ocorrer com qualquer um, em qualquer idade. Mas é mais freqüente aos 50 ou 60 anos do que aos 20 anos, porque (a) não é mais tão fácil se concentrar e (b) quanto mais tempo seguimos certos trajetos e quanto mais familiares eles se tornam, maiores as chances de os percorrermos sem lembrança consciente. Chegamos ao ponto em que o piloto automático fica ligado o tempo todo.

"Acontece quando você está apenas passando de um momento para outro, sem tentar analisar nada a longo prazo", diz Barry Gordon, um neurologista cognitivo do Johns Hopkins Hospital de Baltimore. "Digamos que você esteja na rodovia de Nova Jersey, indo de Baltimore a Nova York. Mesmo que não seja familiar, você não está analisando. Não precisa. Basta apontar o carro numa direção e seguir em frente. Foi exatamente assim que cheguei a Nova York alguns dias atrás. Aí caminhei da rua 35 à rua 42, mas não conseguiria dizer que trajeto percorri. Estava com outras coisas na cabeça."

Embora soe contraditório, você pode chamar isso de amnésia normal. Não há nada de anormal nela.

Vejamos o caso do lendário cientista do Massachusetts Institute of Technology Norbert Wiener: a essência do gênio – e do professor distraído.

No MIT contam e recontam até hoje histórias de Norbert Wiener. Como a vez em que estava conversando com um aluno num corredor da faculdade e perguntou:

– Para onde eu estava indo quando nos encontramos?

– Para lá – respondeu o aluno, apontando para a cantina.

– Ah! – disse Wiener – Então ainda não almocei.

Ou a vez em que sua família mudou-se para uma casa nova perto da antiga, e sua esposa, conhecendo bem Norbert, entregou-lhe um papel com o endereço novo anotado. Mas, ao final do dia, ele não lembrava onde havia colocado o papel nem o endereço novo, de modo que foi até o antigo e perguntou a uma criança que brincava na rua.

– Sabe para onde os Wiener se mudaram?

– Sim, papai – a criança respondeu. – Mamãe me mandou aqui para levar você para casa.

Anos depois, a filha contou que o pai nunca deixou de reconhecê-la, mas que o resto da história era verdadeiro. Existe algo de simpático em tal distração exótica. Achamos graça, sabendo que, enquanto tivermos todos os parafusos no lugar – e Wiener, por mais excêntrico que fosse, tinha –, isso jamais poderia acontecer a um de nós.

Mas na verdade a diferença entre a amnésia normal que muitos de nós experimentamos e o esquecimento exagerado de Norbert Wiener é principalmente de grau. (Além disso, podemos presumir que a mente dele pairava em maiores altitudes do que a nossa. Afinal, o homem inventou a cibernética.)

Os especialistas falam de um estado de fuga, em que um amnésico pode andar sem rumo, sem nenhum conhecimento de ter sofrido qualquer perda de memória – ou mesmo de ter esquecido o próprio nome. Em seu livro *Sete pecados da memória*, o eminente psicólogo de Harvard Daniel L. Schacter descreve um caso em que um soldado ficou traumatizado durante os combates da Segunda Guerra Mundial. O homem perambulou num estado de blecaute, sem saber quem era ou aonde estava indo – pior, sem nenhuma consciência de que estava sem consciência – até que, um mês depois, recobrou os sentidos num hospital a centenas de quilômetros dali.

Para mim, existe uma espécie de estado de fuga na experiência de não ter certeza absoluta se algo realmente aconteceu.

Recentemente recebi uma chamada telefônica de uma parente que vive numa cidade distante.

– Você me ligou ontem à noite? – ela perguntou.

– Não – respondi. – Por que você quer saber?

– Tem certeza de que não telefonou? – Ela então riu. – Que pergunta idiota! Claro que você lembraria. – (Um pressuposto um tanto duvidoso.) – Mas foi tão real. Tivemos toda aquela conversa. Lembrava perfeitamente quando levantei esta manhã, mas algo parecia estranho, e perguntei a um dos meus filhos: "Vocês me ouviram conversando com Martha ontem à noite?" Ele respondeu que não, e aí pensei: bem, de repente não conversei com ela. Talvez tenha sido só um sonho.

Esse tipo de confusão entre a memória real e a imaginada provavelmente já aconteceu também com você. É algo comum.

– Já lhe ocorreu lembrar algo, mas não ter certeza se você sonhou com aquilo ou se realmente aconteceu? – pergunto a uma amiga com uma memória extraordinária em sete línguas.

– Claro – ela responde. – Não ocorre com todo mundo?

Será que realmente encontrei fulano naquela esquina e conversamos? Ou sonhei com isso? Parece tão real, mas não tenho certeza.

Existe a lembrança e existe a sensação de lembrança – dois processos diferentes. E às vezes a diferença se torna indistinta. É mais ou menos o que acontece quando não temos certeza se realmente realizamos certa tarefa ou meramente pensamos em realizá-la. Eu paguei mesmo aquela conta ou apenas pensei em pagar? Eu desliguei o forno ou só pensei em desligar? Uma confusão que já resultou em mais de um jantar queimado na minha vida.

Meu marido insiste que nunca experimentou um entrelaçamento entre sonho e realidade. (Talvez ele tenha esquecido.) Mas quando pergunto se já teve esta outra sensação, de confundir pensamento e ação, ele diz: "Você está brincando? Acontece a toda hora! Tomei meu remédio, ou apenas pensei em tomá-lo?"

O QUE ESTOU CHAMANDO de amnésia normal está bem, bem longe do caso clínico, mas as duas compartilham algo crucial: a memória perdida não pode ser recuperada. Não é como o branco momentâneo que experimentamos quando algo está na ponta da língua mas não conseguimos lembrar. O item bloqueado, aquela informação que está momentaneamente brincando de esconde-esconde com você, está ali. Você sabe disso, porque é capaz de se lembrar dele mais tarde. Mas, no caso da amnésia, não existe bloqueio. Trata-se de uma ausência, um vazio.

Na amnésia "pura", o tipo causado pela lesão do cérebro, a memória está ausente porque a região do cérebro que deveria tê-la armazenado não consegue funcionar. Na amnésia "normal", ela está ausente porque não estávamos prestando atenção. É exatamente como os pesquisadores e terapeutas da memória sempre enfatizam: o que não foi gravado não pode ser reproduzido. Aquilo em que você não presta atenção não é, não pode ser armazenado.

A *amnésia pura* é rara, exceto no cinema. E nos filmes, a amnésia pura costuma ser uma piada. Se suas idéias a respeito se baseiam no que viu nas telas, elas são bem interessantes, mas totalmente erradas. ("Não", diz o Dr. Gordon, falando de todos aqueles filmes B em que alguém recebe uma pancada na cabeça, perde a memória, recebe nova pancada e imediatamente recupera a memória. "Você não melhora graças a uma segunda pancada na cabeça. Ou fica igual ou piora.")

Para dar uma idéia das diferenças entre o que acontece num caso clínico de amnésia e o que pode acontecer com qualquer um de nós, descreverei a coisa real. Ela vem em dois sabores: a pura, envolvendo lesão no cérebro, tecnicamente conhecida como *orgânica*; e a psicológica, tecnicamente conhecida como *funcional*. (Na verdade, existe um terceiro tipo: a falsa amnésia, conhecida como fraude e popular entre pessoas tentando fugir de realidades desagradáveis como dívidas, problemas com a lei ou mesmo situações do dia-a-dia como pagar uma conta ou cortar a grama. Voltando a citar aquele sábio astuto Publilius Syrus: "Às vezes convém esquecer quem somos.")

A amnésia pura pode advir de uma lesão na cabeça ou de derrame; de doenças como a encefalite; ou mesmo, raramente, da anestesia ou do alcoolismo extremo. (Para a amnésia normal, uma dose moderada de álcool pode bastar. Aliás, gosto de beber socialmente, mas não sou muito resistente. Bastam um martíni ou duas taças de vinho para induzir uma versão moderada daquele estado denominado amnésia alcoólica, o que significa que na manhã seguinte tenho grandes brancos em relação à noite anterior.)

A amnésia pura pode causar tipos diferentes de perda de memória, dependendo da parte do cérebro que foi danificada e em que grau. Suas vítimas podem perder a capacidade de evocar experiências anteriores à lesão (*amnésia retrógrada*) ou de reter informações a partir da lesão (*amnésia anterógrada*), ou pode haver uma combinação de ambas. Mas quase sempre elas se lembram de quem são.

Na amnésia funcional, causada por um trauma psicológico, é exatamente isso que as pessoas podem esquecer: sua identidade. Como no clássico de Alfred Hitchcock *Quando fala o coração*, com Gregory Peck: o pobre coitado não sabe quem é, pensa que cometeu um homicídio (Cometeu mesmo? O Gregory Peck? Fala sério!), faz-se de psiquiatra, apaixona-se por outra psiquiatra (Ingrid Bergman), cura-se, lembra subitamente quem é, denuncia o assassino verdadeiro, luta contra ele e fim.

Pois fiquem sabendo que isso está longe da realidade. A verdadeira vítima de amnésia funcional costuma ser uma alma perdida, perambulando confusa pelas ruas, muitas vezes parecendo um sem-teto, talvez entrando numa delegacia de polícia para pedir ajuda.

Suponhamos que X se envolveu num acidente de carro 10 meses atrás e sofreu uma lesão na cabeça. Hoje ele está passando diante de uma drogaria perto de sua casa. A drogaria foi assaltada um ano atrás, enquanto ele fazia uma compra. Lembrança sinistra. Ao passar por lá, vê alguém a quem foi apresentado numa festa ontem.

Se X foi vítima de amnésia retrógrada, poderá se lembrar do novo conhecido, mas não do assalto.

Se ele sofre de amnésia anterógrada, poderá se lembrar do assalto, mas não do novo conhecido.

Se sua amnésia é funcional, poderá não se lembrar do assalto, nem do novo conhecido, nem de quem ele é.

Se tem amnésia normal, ele se lembrará de tudo isso e poderá parar para conversar com o novo conhecido e contar sobre o assalto. Mas provavelmente não conseguirá recordar em que estava pensando quando foi de carro até a drogaria, e possivelmente terá esquecido onde estacionou o carro.

E se, além disso, não consegue lembrar o nome do novo conhecido... é igual a todos nós!

PARA OS NEUROCIENTISTAS, a amnésia pode proporcionar uma espécie de lição de anatomia da memória. Ao testarem vítimas mediante técnicas de tomografia do cérebro, eles conseguem ver quais partes são ativadas, ou deixam de ser, por diferentes estímulos. Desse modo, conseguem saber mais sobre quais áreas do cérebro são essenciais a cada tipo de memória. (Saiba que os pesquisadores falam que as regiões do cérebro se iluminam quando ativadas, mas a coisa não é tão visual assim. O que uma tomografia do cérebro realmente mostra são flutuações em indicadores como os níveis de oxigênio e de sangue. Quando redes de neurônios estão enviando informações a áreas específicas do cérebro, mais sangue aflui a esses pontos para lidar com a atividade extra.)

Existe o caso, familiar a todos que estudam a memória, de um homem conhecido como H.M. Nos anos 1950, grande parte do seu hipocampo foi cirurgicamente removido para aliviá-lo de convulsões devastadoras. A cirurgia pôs fim às convulsões, mas no processo sua memória de curto prazo desapareceu. Seu caso contribuiu para a compreensão científica do papel do hipocampo na memória.

Enquanto escrevo este livro, o homem continua vivo. Se você o encontrar, ele poderá conversar normalmente, mas 10 minutos depois nem sequer se lembrará de ter visto você antes. Mas H.M. sabe perfeitamente quem ele é.

Esse tipo de amnésia é comovente para mim, por me lembrar do que aconteceu com meu primeiro marido, o falecido Dr. Harold Lear.

Após uma trombose, Hal submeteu-se a uma cirurgia de ponte de safena e emergiu com sua memória de curto prazo abalada. Lembro-me perfeitamente da noite, um ano depois, em que assistimos a uma peça no Lincoln Center, em Manhattan. Quando saímos do teatro, flocos de neve enormes e deslumbrantes estavam caindo. Ao atravessarmos a grande praça, ele de repente parou e fez sinal de não com a cabeça, e pensei que estivesse encantado com a beleza da neve. Mas ele estava chorando. "Oh, Martha", ele se lamentou. "O que acabamos de ver? Não consigo me lembrar de nada. Nada."

Embora fisicamente debilitado pela insuficiência cardíaca, a perda da memória incomodou-o bem mais do que qualquer incapacidade física. Mas ele nunca chegou a perder a auto-identidade. Ela é, como diz o Dr. Gordon, o conhecimento mais inesquecível que temos. Na amnésia orgânica, você só a perde quando está quase virando um completo vegetal.

Existe um fator na amnésia relacionado com os sexos masculino e feminino. O cientista cognitivo com quem conversei preferiu permanecer incógnito, mas me contou que as vítimas da amnésia funcional são, em sua maioria, mulheres. Esse tipo de amnésia costuma ser desencadeado por uma gama limitada de experiências muito dolorosas: a morte de um ente querido, uma situação de abandono, um estupro.

Acredita-se que a falsa amnésia seja mais comum nos homens. (Não que as mulheres nunca finjam amnésia. O Dr. Gordon contou-me o caso de uma mulher que ficou desaparecida por dois anos. "Quando encontrada, alegou que não lembrava nada sobre quem era nem quando ou como havia desaparecido de sua vida anterior. Mas uma investigação revelou que ela deixara um bilhete com instruções sobre a alimentação do gato.)

Mas quanto a nós e ao tipo de esquecimento que às vezes nos aflige, e que tende a nos perturbar ainda mais à medida que envelhecemos, não há diferença entre os sexos. A amnésia normal dá a todos as mesmas oportunidades.

Pense na última vez em que você não conseguiu reconstituir uma tarefa completamente familiar que realizou na higiene matinal, na malhação diária ou enquanto cozinhava batatas. Ou em seu trajeto, digamos, do escritório para casa.

Alguém pergunta:

– Aquela pista da estrada ainda está interditada?

– Sei lá – você responde.

– Não sabe? Você passou por lá agora. Como é possível?

– Amnésia.

Que todos os nossos males sejam tão brandos assim.

CAPÍTULO NOVE

Distorcendo a história

A MEMÓRIA E SEUS ENGANOS

É UM VERDADEIRO ESPANTO pensar nos bilhões de lembranças que residem naquele órgão de menos de 1,5kg (grosso modo, pois na verdade o cérebro tem cerca de 2% do peso do seu corpo) dentro do nosso crânio e na nossa capacidade de recuperar, dentre bilhões, uma única lembrança de algo que aconteceu um dia, um ano, uma década atrás. No entanto, apesar de tudo isso, não se pode dizer que a memória seja a coisa mais confiável do mundo.

Um bom exemplo: numa noite recente, eu estava com duas velhas amigas, a crítica de cinema Molly Haskell e a correspondente de TV Betty Rollin, que se conheceram pouco depois de se formarem na faculdade.

A conversa descambou, como costuma acontecer atualmente no meu círculo de amizades, para dores nas costas – se de Betty, de Molly ou minhas, não lembro, mas o tema foi esse com certeza. Assim como a primavera dá lugar ao verão, seguiu-se uma discussão sobre artrite, colesterol e, é claro, os caprichos da memória.

– Não é incrível como, de repente, estamos novamente falando de saúde? – observei.

– Quando eu era criança, costumava ouvir minha mãe e suas amigas conversando sobre saúde o tempo todo, e jurava que nunca seria assim – disse Molly. – Mas eu não percebia como ia ser divertido.

– Ei! – interveio Betty. – Fui eu quem disse isso há alguns anos sobre a minha mãe e as amigas dela.

A questão não foi resolvida, e provavelmente nunca será. Cada uma permanece convicta de que foi a autora daquela frase.

Contar algo como não aconteceu. Isso ocorre o tempo todo. E mais facilmente ao ficarmos mais velhos, por motivos que logo veremos. Mas primeiro vejamos o erro deliberado, muito comum hoje em dia.

A primeira década deste novo século tem sido rica em notórios mentirosos e plagiários. Não que houvesse falta deles antes, mas agora temos o recurso ambíguo da internet. Mentir ficou bem mais fácil. Os internautas podem surfar pela rede, surrupiar um pouquinho disso e um pouquinho daquilo e colocar seus próprios nomes no trabalho de outra pessoa. Se flagrados, costumam alegar inocência: confundi as fontes, esqueci. Não fui eu, galera, foi minha memória.

Pesquisas mostram que muitos estudantes de faculdades praticam e defendem isso. Será que – apenas um palpite – valorizam menos a verdade por ela ter sido tão desvalorizada na nossa cultura? Dois casos recentes: "Eu não tive relações sexuais com aquela mulher" (Clinton) e "Não há dúvida de que Saddam Hussein possui armas de destruição em massa" (Bush). Na política, a mentira não é exclusividade de nenhum partido.

Houve aquele alvoroço, em 2006, em torno da estudante de Harvard que escreveu um romance que os críticos literários adoraram, até descobrirem que ela havia copiado muitas de suas passagens textualmente do romance de outro escritor. Ao ser descoberta a fraude, ela alegou que se tratava de um erro honesto, causado por sua própria "memória fotográfica".

E houve aquele memorialista bocó, naquele mesmo ano, conscientemente inventando lorotas como se fossem passagens de sua própria vida – um grande best-seller – até finalmente ser desmascarado no programa da Oprah Winfrey.

Estamos lidando aqui com dois tipos diferentes de mentirosos: um plagiário e um fabulador. Costuma-se dizer que a diferença entre eles é que os plagiários roubam porque suspeitam que seus próprios talentos não são suficientemente bons, enquanto os fabuladores mentem porque suspeitam que suas próprias verdades não são suficientemente interessantes. Confio em suas suspeitas.

Mas existem casos de pessoas que, embora suficientemente talentosas, são acusadas de plagiárias. Pense na controvérsia em torno de Bob Dylan. "Quem é esse tal de Dylan que está se apropriando de versos de Henry Timrod?", indagou, em tom de gozação, uma manchete de jornal – Timrod é um poeta pouco conhecido do tempo da Guerra Civil americana que Dylan parece ter citado abundantemente em um de seus álbuns, sem lhe dar qualquer crédito. Pense na historiadora Doris Kearns Goodwin, acusada de se apropriar de textos de terceiros no livro *The Fitzgeralds and the Kennedys* (Os Fitzgerald e os Kennedy).

Ambos com tudo a perder ao se apropriar do material de outras pessoas e certamente conscientes de como é fácil, hoje em dia, ser desmascarado. Então o que acontece? A pergunta que vem à mente é aquela que Jay Leno, da NBC, fez ao ator inglês Hugh Grant, flagrado com uma prostituta de rua num carro estacionado, pasme!, não em algum bosque remoto, mas junto a uma avenida movimentada em Los Angeles. Leno perguntou:

– O que se passava na sua cabeça?

Exatamente.

Descartando (embora não completamente) a teoria freudiana barata de que as pessoas que fazem essas coisas podem inconscientemente querer ser flagradas, consideremos outras possibilidades.

Goodwin pediu desculpas. O problema, explicou, foram as anotações descuidadas. Ela não marcara devidamente suas fontes em cerca de 900 páginas manuscritas. Essa é uma forma estranha de preservar material de pesquisa. Mas poderia Goodwin ter cometido um erro honesto?

Poderia. Primeiro, porque não lhe custaria nada dar o crédito. Segundo, porque, sem dúvida, o plágio não-intencional existe. Há até uma palavra para ele: *criptomnésia*. Palavra sinistra. Talvez você a conheça. Eu não conhecia até encontrar no dicionário: "Criptomnésia: a aparição na consciência de imagens de memória que não são reconhecidas como tais, mas que parecem criações originais."

Em outras palavras, se você faz uso da propriedade intelectual de outra pessoa e alega que lhe pertence porque realmente não se lembra de que esse material *não* é seu, isso é criptomnésia. Você é um criptomnésico. (Ah, adoro esta palavra!) Acontece rotineiramente em certas profissões. Compositores e roteiristas, por exemplo, que muitas vezes trabalham em equipe, não conseguem mais lembrar quem escreveu o quê, e muitas vezes recebem o crédito pelo texto de colegas.

Sei como é fácil fazê-lo, porque eu mesma já fiz, de certa forma.

Uma vez, escrevi um artigo sobre terapia matrimonial para a revista do *The New York Times*. Um leitor enviou uma carta ao editor acusando: plágio! Ele se lembrava de já ter lido palavras bem semelhantes, embora não recordasse a fonte.

Ele estava certo. Eu havia plagiado – a mim mesma. (Autocriptomnésia?) Eu esquecera completamente que tinha expressado alguns dos mesmos pontos de vista, sobre o mesmo assunto, na mesma publicação, quase duas décadas antes, quando a terapia matrimonial, a terapia sexual e um delírio chamado casamento aberto estavam na moda. Mas algo deve ter entrado em operação, inconscientemente, quando escrevi o segundo artigo.

Será que, à medida que nos familiarizamos com a propriedade intelectual de outra pessoa – uma idéia, uma história, um experimento, uma invenção, uma piada, um texto, uma receita –, não podemos começar, de boa-fé, a considerá-la de nossa autoria?

EM SEU LIVRO *Sete pecados da memória*, Daniel L. Schacter escreve: "Experimentos mostraram que a simples repetição de uma afirmação falsa leva as pessoas a acreditar que seja verdadeira. De forma semelhante, quando pensamos repetidamente numa experiência passada ou falamos sobre ela, aumenta a nossa confiança de que a estamos lembrando com exatidão."

E da meia-idade em diante, isso se torna cada vez mais freqüente. Não apenas em função dos efeitos do tempo, que turva a lembrança de um evento ou solidifica versões falsas dos acontecimentos, mas também porque, como já observei, a memória contextual ("Acabei de ouvir esta história, mas de quem?", "Topei com eles recentemente, mas onde?") é uma das primeiras que começam a nos ludibriar. O que pode ser muito assustador, embora – e aqui me repito com prazer – seja absolutamente normal.

Acrescente-se o problema corriqueiro da palavra na ponta da língua: aquele adjetivo exato que lhe escapa. Você pode se lembrar bem do evento, mas não encontrar as palavras para descrevê-lo precisamente.

Além disso, dado que as lembranças, assim como os sonhos, são afetadas por desejos e temores inconscientes, a forma como lembramos é influenciada pelos "poderia, teria, deveria" familiares. Estamos sempre lidando com (1) o evento como *realmente* ocorreu; revestido de (2) como achamos que *poderia* ter ocorrido; modificado por (3) como acreditamos que *deveria* ter ocorrido; e sobrecarregado por (4) como *desejamos* que tivesse ocorrido ou (5) como *tememos* que tivesse ocorrido.

É muito peso em cima de uma lembrança. Não é de admirar que a pobre coitada às vezes se desvie da precisão. E cada vez que você a recupera, ela depois volta a ser armazenada e pode sofrer outras alterações no processo. Isso é o que acontece quando você acha que lembra perfeitamente certa experiência da infância. É provável que você esteja recuperando a versão depositada mais recentemente naquelas profundezas do banco de memória – talvez ainda mais distorcida pelas lembranças dos seus pais e irmãos daquele mesmo evento.

Uma amiga que nasceu na Grécia – Domna Stanton, professora de literatura francesa – possui lembranças detalhadas de certas experiências de sua infância na terra natal. "Mas não tenho idéia se me lembro dessas coisas como realmente aconteceram comigo ou como minha família vivia recontando. Não tenho nem certeza se realmente aconteceram, embora eu as recorde vivamente."

Existem ainda os efeitos da culpa – uma companheira terrível, que nos inspira a retocar nossas lembranças para que possamos conviver com elas. Quanto mais velhos ficamos, mais as retocamos e menos acreditamos que tenhamos realizado esses retoques.

Uma psicoterapeuta me contou sobre duas dessas narrativas retocadas.

Um paciente tinha 46 anos quando seu pai morreu. Ele tivera um relacionamento difícil tanto com o pai quanto com a mãe, não falava com o pai havia anos e não foi ao enterro dele. Sua mãe não conseguiu perdoá-lo. Ele não conseguiu se perdoar. Ao longo dos anos, sua convicção foi mudando de (a) ele tivera motivos para não ir ao enterro para (b) ele teria ido mas sabia que seu pai não gostaria que estivesse lá e, enfim, para (c) ele quis ir ao enterro mas a mãe deu a entender que não seria bem-vindo. Ele morreu com a mesma idade do pai, 68 anos, no mesmo dia da morte do pai, acreditando piamente na terceira alternativa.

A terapeuta teve outro paciente (também já falecido) que estava tomando conta do neto quando um prédio na vizinhança pegou fogo. O neto quis ver o incêndio, de modo que ele levou a criança. Cenas assustadoras, inclusive um corpo carbonizado, deixaram a criança com terrores noturnos durante meses. A culpa do paciente – por ter deixado o neto testemunhar a cena, com todo o trauma resultante – foi insuportável. De modo que ele retocou a narrativa, simplesmente retirando a criança da história. Ele foi até o local sozinho para se assegurar de que o fogo não estava se alastrando. Ele insistia que a criança imaginara que estivera com ele. E continuou acreditando nisso até que foi levado pela terapeuta, relutando o tempo todo, a um confronto com a verdade.

Acredito que existe outra maneira pela qual a idade afeta todas essas auto-ilusões. Ouvimos dizer – não sei quem diz, exatamente, mas ouvimos dizer – que nos tornamos mais maduros ao envelhecer. Não acredito nisso de maneira nenhuma. Minha tese, como já disse, é de que, ao ficarmos mais velhos, nos tornamos mais aquilo, seja o que for, que éramos desde o início.

– Este avô era do tipo incapaz de admitir: "Cometi um erro"? – perguntei à terapeuta.

– Ah! Se era! – ela exclamou.

É assim que se edita a memória para se livrar da culpa, algo que todos fazemos, embora, espero, de formas menos rebuscadas.

Mas a culpa não é o único motivo para se florear a memória. Também fazemos isso porque queremos ganhar amigos, influenciar pessoas e receber convites para festas badaladas.

Gostamos de contar um bom caso, pois isso nos torna populares. E sendo moralmente frágeis como todo ser humano, nossa tendência é enfeitá-lo um pouco. São as velhas histórias de pescador. Chegamos a acreditar nelas? Precisa perguntar? Se você as repetir inúmeras vezes, acabará jurando, no banco de testemunhas, com a mão sobre a Bíblia de sua avó, que são verdade.

Agora pense em todas as formas como a memória pode ser distorcida pelo poder da sugestão. Basta lembrar dos anos 1990 e de todos aqueles casos de crianças persuadidas de que tinham sido molestadas sexualmente pelos professores do jardim, o que gerou um surto de "lembranças recuperadas" – jovens mulheres que de repente recordaram que tinham sofrido abusos sexuais dos pais na infância. Aquilo se transformou numa epidemia e de repente desapareceu.

Na verdade, alguns psiquiatras e cientistas cognitivos não acreditam no conceito freudiano de lembrança reprimida, por mais popular que seja entre os produtores de Hollywood. Eles afirmam que a lembrança não é ativamente reprimida, mas simplesmente esquecida, permanecendo inativa nas profundezas superlotadas do cérebro durante anos ou décadas, até que algo a evoque.

A todas essas influências devemos ainda acrescentar os efeitos deformadores do orgulho e do ego autoprotetor.

Vejamos um exemplo. Dois jovens se casam. Todo mundo está contente. Você diz: "Aposto que esse casamento durará para sempre."

Cinco anos depois vem o divórcio. Você diz (bem, talvez não você, mas *eu* diria): "Sempre suspeitei de que esse casamento não ia dar certo" – e é nisso que você acredita.

Se um amigo solícito comenta: "Lembra que você disse que duraria para sempre?", você retruca: "Não foi isso que eu disse!" – e acredita nisso também.

Não se trata apenas dos efeitos do tempo e da idade. A necessidade de sentirmos que temos *razão* é um fator preponderante no modo como lembramos e como esquecemos. Os dois pilares que garantem a proteção do ego: "Eu nunca disse isso!" e "Desde o início, eu sabia!".

Em seu livro *O ano do pensamento mágico*, Joan Didion descreve a tentativa melindrosa de persuadir médicos relutantes, sem entrar em conflito com eles, a experimentar determinado tratamento em sua filha gravemente doente: "Havia uma maneira de saber se você tinha feito algum progresso: era quando um médico a quem você dera uma sugestão apresentava, um dia depois, o plano como sendo dele mesmo."

No entanto, aquele médico poderia – não há como saber, mas ele *poderia* – estar convencido de que o plano de fato era dele. Especialmente porque os médicos, talvez mais do que todos os outros, sentem necessidade de ter *razão*.

Uma amiga arquiteta lembra com indignação compreensível quando um casal próspero e famoso pediu que projetasse uma casa de esqui para eles:

> "Vi um anúncio dessas bonitas e antigas madeiras de celeiros ingleses do século XVIII e pensei: 'Não seria ótimo reunir essas madeiras numa casa atual? Não seria estrutural, é óbvio, mas daria um exterior maravilhoso.'
>
> Meus clientes adoraram a idéia. Construímos a casa daquele jeito, e funcionou às mil maravilhas. Eles ficaram empolgados. Um ano depois estávamos sentados num restaurante, e a mulher estava contando como ela adorava a casa: 'Graças a Deus tive aquela idéia do celeiro inglês.'
>
> Fiquei abismada. Ela não poderia realmente acreditar naquilo, poderia?"

Poderia, sim. Não estou dizendo que acreditava, mas que poderia acreditar. E, à medida que o tempo passa e ela e as madeiras envelhecem, a mulher sem dúvida fortalece sua crença.

De novo, o triunfo do ego sobre a memória. Acontece o tempo todo.

Esquecer costuma ser pura tática. Talvez consciente, talvez inconsciente, mas sempre deliberada. E às vezes dificílima de interpretar – um complexo psicológico bem misturado.

Testemunhei o rompimento de uma longa e íntima amizade entre duas mulheres que eu conhecia havia anos. Vamos chamá-las de Jane e Mary. O problema envolveu dinheiro, o que quase sempre resulta em conflito. Jane precisou de dinheiro e Mary emprestou a ela. Uma soma modesta, mas mesmo assim um empréstimo. Meses decorreram sem menção ao empréstimo. Jane comprou um computador novo sem menção ao empréstimo. Jane viajou às Ilhas Galápagos sem menção ao empréstimo. E Mary foi ficando cada vez mais ressentida.

Quando alguém diz "Não se trata de dinheiro", você sabe que se trata de dinheiro. Uma velha máxima, inteligente, engraçada e muitas vezes exata. Mas nesse caso, realmente não se tratava de dinheiro. Tratava-se do sentimento de Mary de estar sendo usada – e de sua dificuldade de lidar com isso.

Ela me contou: "Prometi a mim mesma que seria suficientemente refinada a ponto de nunca levantar a questão. Mas aí, um dia, eu toquei no assunto. Ela disse: 'Eu esqueci.' E pareceu zangada. Dois dias depois, o cheque chegou, e foi o fim da amizade."

Teria Jane esquecido? Esquecido *em termos*? Ou se achado no direito de ficar com o dinheiro: "Eu precisava de dinheiro, você dispunha dele, por que eu teria que pagar?"

Não há como saber. Mas você pode ter certeza de que foi, em algum nível, uma tática.

Às vezes a tática é abertamente consciente. Exemplo: pessoas que nunca lembram quem você é, por mais que se tenham encontrado. Conheço uma atriz, nenhuma grande estrela, mas esplêndida em seu ofício, cujos ouvidos exalam fumaça sempre que o nome de outra atriz (bem mais famosa, mas não tão talentosa) é mencionado.

– Aquela falsa – ela me diz. – Já a encontrei em inúmeras ocasiões, e é sempre a mesma conversa: "Ah, prazer em conhecê-la", como se nunca tivéssemos nos visto antes. Toda vez me dá vontade de dizer: "Ouça, eu e você já nos encontramos mil vezes. Você está tendo um *lapso de memória*?"

– Por que você não pergunta? – quero saber.

Ela dá de ombros.

– Tenho medo do que ela possa dizer.

– Tipo o quê?

– Tipo assim: "Você simplesmente não é inesquecível."

(Se você aprecia estratégias de contra-ataque, outra mulher que conheço possui uma eficaz. Ela ataca antes que o desmemoriado venha com o velho "Prazer em conhecê-la". O nome do desmemoriado é, digamos, Dorothy. "Dafne!", minha amiga diz vivamente. "Bom te ver, Dafne!" Dá um sorriso caloroso e se afasta.)

De modo totalmente inconsciente (espera-se), todos pregam peças táticas em suas próprias memórias o tempo todo. Você vive se esquecendo de fazer aquela chamada telefônica importante ou de escrever uma carta de condolências difícil ou de resolver um problema desagradável. Você promete, relutantemente, fazer um favor e nunca se lembra de cumprir a promessa. Sob pressão, você aceita um convite para jantar e esquece de ir.

"Acontece constantemente", diz a psicóloga Margaret Sewell. "Uma paciente esqueceu uma consulta, ressentida por eu ter desmarcado uma consulta anterior. Foi totalmente inconsciente. Ela nunca diria que estava aborrecida comigo, porque não gosta de se zangar com as pessoas. Ao receber meu telefonema, desculpou-se: 'Ai, meu Deus, eu tinha marcado com você? Sinto muito.' O esquecimento pode ser um acontecimento aparentemente benigno que está carregado de sentimentos desconfortáveis para a pessoa que está esquecendo. Você esquece o aniversário de alguém porque está zangado ou desapontado com ele ou porque ele não lembrou o seu aniversário... Em geral, a razão por trás do esquecimento são sentimentos inaceitáveis para você."

Já me aconteceram as duas coisas: esquecer o aniversário de outras pessoas e esquecerem o meu. O que me leva direto para o que foi (se a memória não me engana) o pior lapso de memória da minha vida. Atualmente, mais de duas décadas depois, ainda me sinto mal só de lembrar.

Eu ia organizar a festa de aniversário do meu amigo Sey Chassler, editor da revista *Redbook*, para quem eu escrevera muitos artigos no decorrer dos anos. Era um aniversário importante, uma data redonda – naturalmente, não me lembro qual –, e eu disse que gostaria de fazer um jantar comemorativo para ele. Preparamos uma lista de 12 convidados.

A grande noite chegou. Os convidados chegaram.

Mas a anfitriã havia saído.

Eu havia anotado na minha agenda na semana seguinte.

Quando cheguei em casa, encontrei um bilhete na portaria do prédio: "Estivemos aqui. Onde você estava?", seguido de 11 assinaturas.

Eu queria me matar.

O aniversariante generosamente me perdoou. (Com a mesma generosidade, ele levou todo mundo para jantar num restaurante chinês.) Mas eu nunca me perdoei. E nunca entendi aquilo. Aquela foi uma festa que eu *quis* promover, aquele era um amigo que eu apreciava. Por que tive tanto sucesso em estragar a festa, nunca saberei – e, sinceramente, nem quero saber.

Aquela pode ter sido uma das ocasiões – elas acontecem – em que um charuto é realmente apenas um charuto. Anotação errada na agenda, e ponto final.

Contei essa história aqui para mostrar que, apesar de todas essas peças pregadas pela mente, devemos tomar cuidado para não "inventar" interpretações. Um exemplo: a mãe de meu primeiro marido recuperava-se, numa casa de repouso, de um derrame. Toda vez que a visitávamos, Hal perguntava o que poderíamos trazer na próxima visita. Certa ocasião, ela disse:

– Tragam meu vestido de casamento.

– Seu o quê?

– Meu vestido de casamento, meu vestido de *casamento* – repetiu, impaciente, como quem diz: Qual é o problema?

Aguardamos do lado enquanto uma enfermeira lhe dava umas pílulas. Hal parecia chocado: "Devem ser esses remédios", ele murmurou.

Não, não eram os remédios. A memória de sua mãe estava 100%. Acabamos descobrindo que outro paciente na casa de repouso ia celebrar suas bodas na semana seguinte, e ela queria realmente seu vestido de casamento – seu vestido de *festa*, aquele que ela sempre usava nos casamentos.

Foi assim que aprendi uma lição valiosa: só porque algo parece um pato, anda feito um pato e grasna como pato, não tire conclusões precipitadas. Não quando se trata de memória.

CAPÍTULO DEZ

Lembranças dolorosas

Tenho muita artrite na mão e no pulso esquerdo. Não dói o tempo todo, mas, quando dói, sai de baixo!

Quando *não* dói, não consigo lembrar exatamente a dor. Consigo *descrevê-la*. Posso apontar para a articulação inchada do meu polegar e dizer: "Às vezes, sinto como se uma agulha estivesse espetada aqui." Ou segurar meu pulso e dizer: "Às vezes, sinto como se alguém o estivesse torcendo." Mas essas são meras descrições de sensações. O que não consigo é recuperar as sensações como as sinto plenamente.

Nem consigo rememorar a dor de uma recente e terrível dor de dente ou a dor que me derrubou quando tive um tumor fibróide no intestino, ou outras dores. Que bom que não consigo.

Simplesmente não conseguimos lembrar com precisão a experiência da dor física. (O mesmo acontece com o prazer físico. Tente evocar a sensação precisa do clímax sexual. Você não consegue realmente – o que é bom, porque, se as pessoas conseguissem, se contentariam com as lembranças, em vez de irem à luta. A Mãe Natureza não foi boba.)

"Não existe nenhuma memória literal da dor", diz o Dr. Relkin, da Cornell University. "Você pode lembrar que *teve* dor, mas, se tentar ressuscitar a imagem da dor que sentiu no tratamento de canal ou no parto, não conseguirá. A dor não tem esse tipo de representação na nossa memória."

Eis um fato interessante: conseguimos evocar a dor *emocional* muito bem. Momentos de remorso ou humilhação, as agonias da rejeição, fracasso ou a dor pela morte de um ente querido – conseguimos recuperá-los com grande precisão.

Com "recuperar com grande precisão" quero dizer muito mais do que o ato de lembrar. Quero dizer reexperimentar a sensação. A dor pela morte de um ente querido especialmente. O fenômeno da memória é espantoso em vários aspectos, e um deles é que a memória consiga, meses, anos, até décadas após a morte de um ente querido, fazer com que sejamos subitamente lembrados dele por um rosto visto fugazmente na rua ou uma fragrância ou uma breve melodia, sentindo uma pontada de dor tão forte como quando a pessoa acabara de morrer. Não são necessárias muitas deixas para despertar o banco de memória.

Vou contar uma história pessoal para ilustrar o fato. Foi terrível quando aconteceu, mas teve final feliz. Tem a ver novamente com meu primeiro e falecido marido, o urologista Harold Lear. Sem dúvida, idealizamos os entes queridos que partiram, assim como demonizamos certas pessoas. Já reparou como todas as ex-esposas são loucas, todos os ex-maridos são safados, e todas as esposas mortas são santas? Mas aquele realmente era um homem esplêndido, eu o adorava, e sua morte aos 58 anos foi o acontecimento mais doloroso de minha vida. Superá-lo foi demorado e difícil.

Certa vez, três anos após sua morte, eu vinha descendo uma rua quando de repente vi, de perfil, um homem com a aparência e o jeito de andar do Hal. Aquilo foi um golpe. Foi preciso me controlar para não atravessar correndo a rua e agarrar o estranho pela manga. (Nem sempre dá para controlar o impulso. Uma amiga viu um jovem na rua que era a cara, ela disse, de seu querido irmão morto no Vietnã aos 19 anos. Ela correu ao encontro dele, agarrou-o e, quase quatro décadas após a morte do irmão, soluçou no ombro do rapaz aturdido. "Imagine só!", ela disse. Acho que qualquer um que perdeu um ente querido consegue imaginar.)

Uma noite, anos depois de minha viuvez, amigos me convidaram para um pequeno jantar. Entre os presentes havia um homem atraente que parecia estar sozinho. Pensei que talvez os anfitriões estivessem tentando encontrar alguém para ele, mas me enganei. Um deles, numa conversa particular, contou que o tinham convidado para tentar animá-lo. Ele andava uma "pilha de nervos" desde a perda recente da esposa. Ouvi aquela palavra *recente* e pensei: *pobre homem, eu me lembro.*

À mesa do jantar, a conversa estava animada, até que alguém perguntou quando sua esposa havia morrido. No silêncio súbito, ouvi-o dizer: "Oito meses atrás."

Novo golpe. Graças às nossas lembranças, somos todos – às vezes, maravilhosamente, outras vezes, dolorosamente – máquinas do tempo humanas. Ao ouvir "oito meses atrás", fui instantaneamente transportada no tempo e espaço até os meus oito meses de viuvez. Senti exatamente como é estar viúva há oito meses, a mesma velha dor infiltrou-se feito lodo nos meus ossos e, para o espanto de todos, sobretudo o meu, comecei a chorar – não um choro discreto, mas o pranto pungente que faz com que as pessoas em volta prefiram que você vá para outro lugar respirar fundo. Que foi o que eu fiz. Pedi desculpas e fugi para outro aposento, sentindo-me humilhada.

Ele veio atrás de mim. Surpreendeu-me (e surpreende até hoje) que aquele homem, que carregava tamanha dor, viesse *me* confortar. Mas perda e dor são muita coisa em comum. Permitiram que saltássemos os rituais cansativos de Vir a Conhecer Você. Rapidamente nos tornamos amigos, depois mais do que amigos, depois consolidamos os nossos lares e acabamos nos casando.

Nada disso, sempre estive convencida, teria ocorrido sem a deixa "oito meses atrás", que fez com que uma lembrança particular de dor emocional, armazenada em alguma parte do cérebro, fosse revivida em tela grande e cores vivas.

Ora, por que a agonia de uma dor de dente não pode ser lembrada com a mesma precisão?

Voltemos à Mãe Natureza: se você adota a visão darwinista, como a maioria dos cientistas que entrevistei, existe uma razão provável. Isso certamente não aconteceu por acaso. Essas distinções devem ter sido adaptativas, oferecendo algum tipo de vantagem evolutiva.

Por que a dor emocional é tão difícil de esquecer e a dor física tão difícil de lembrar? Qual poderia ser a vantagem *disso*?

Bem, a maioria das pessoas consegue cumprir as responsabilidades básicas da vida mesmo sob dor emocional. Você vê um ex-chefe que o humilhava ou um ex-amigo que o traiu e subitamente se enche da mesma e velha raiva impotente. Você assiste a um drama na televisão em que uma mãe morre e sente tristeza pela morte, tanto tempo atrás, de sua própria mãe, como se tivesse ocorrido ontem. Mas você consegue, quando precisa, se organizar e cuidar da família, ir ao escritório, realizar suas tarefas, servir uma refeição, pagar as contas, fazer o que tem de ser feito.

Imagine, agora, se cada pequena pontada de dor nas suas vísceras fizesse com que você não apenas lembrasse, mas literalmente revivesse alguma dor terrível. Ou se, ao ver alguém com o braço quebrado numa tipóia, você chorasse pela dor da fratura de tempos atrás.

Se tivéssemos uma lembrança literal da dor física, poderíamos ficar imobilizados. A sociedade poderia cessar de funcionar de forma ordenada. E se você levar em conta o exemplo clássico, as dores do parto, talvez tivéssemos uma queda espetacular na taxa de natalidade e provavelmente definharíamos como espécie.

Dores do parto: você as sofre e jura que nunca esquecerá, e acaba esquecendo. Imagine se não esquecesse.

"Veja bem, é a velha história das mulheres e a dor do parto", o Dr. Yaakov Stern diz. "Se elas conseguissem se lembrar da dor, talvez não repetissem mais a experiência."

A Mãe Natureza não foi boba.

CAPÍTULO ONZE

A síndrome do estudante de medicina

DEVE SER DOENÇA DE ALZHEIMER

PROVAVELMENTE A MELHOR FORMA de explicar a síndrome do estudante de medicina é contar sobre a minha conversa no ano passado com Jessica Hoover, estudante do primeiro ano da Faculdade de Medicina Johns Hopkins.

– Lembro-me daquilo vivamente – contou Jessica, então com 23 anos. Nessa idade você se lembra de tudo vivamente. – Era uma aula de dermatologia e estávamos examinando ampliações da pele normal e a comparando com a anormal. Ao olhar para uma mostra de pele com duas manchas escuras e uma espécie de lesão cor-de-rosa, pensei: "Oh, meu Deus, sou *eu*!" Liguei para minha mãe, que é patologista, e disse: "Mãe, acho que tenho melanoma." E ela disse: "Jess...", naquele tom de voz *lá vem você outra vez*. "Jess, você não tem melanoma. Na faculdade de medicina, você vai achar que tem todas as doenças que irá aprender. Quando estiver estudando tumores do cérebro, sentirá dores de cabeça. Quando tiver aulas de fisiologia do coração, terá palpitações. Quando estudar o sistema digestivo, terá dores de barriga e diarréia."

Essa é a síndrome do estudante de medicina.

Perguntei ao neurologista Barry Gordon, que foi um dos professores de Jessica, se ele próprio sofreu da síndrome.

– Com certeza. Quando eu era médico residente, descobri uma mancha preta no dedão e temi que fosse melanoma. Fui a uma dermatologista, e ela disse: "Não é nada." Eu questionei: "Como você pode ter certeza?" Ela respondeu: "O.k., se não consigo convencê-lo, por que simplesmente não amputamos seu dedão?" Insisti numa biópsia, e é claro que não era nada.

Conto tudo isso não porque me interesse por problemas de manchas na pele, mas porque da síndrome do estudante de medicina podemos evoluir facilmente para a síndrome do medo da doença de Alzheimer.

Parece que quase todos os meus conhecidos, a partir da meia-idade, a certa altura soltaram algum comentário do tipo "Não consigo mais me lembrar de *nada*" e depois, com um risinho melancólico, fizeram referência ao mal de Alzheimer.

Esqueceu onde deixou seus óculos (suas chaves, sua carteira, seja o que for)? "Acho que estou ficando com Alzheimer."

Esqueceu de retornar um telefonema, pagar uma conta, levar as roupas à lavanderia? "Devo estar com Alzheimer."

Esqueceu de ir almoçar com a namorada? "Juro que estou desenvolvendo Alzheimer."

Resumo: todo mundo só pensa nisso.

Num jantar, vejo-me sentada ao lado de um executivo de alto nível, dono de uma das maiores redes de livrarias dos Estados Unidos. Ele está me contando sobre um livro que está lendo.

– O tema é a história dos obituários. Parece sinistro, mas é realmente fascinante e divertido de ler – ele diz.

– Qual o título?

– Não consigo lembrar. – Ele faz uma pausa. Acabamos de nos conhecer, e não espero confidências.

– Veja bem, tenho 57 anos – ele diz – e me preocupo com isso o tempo todo. Conheço você esta noite, nós conversamos e amanhã não lembro mais seu nome. Estou contando sobre um livro que estou adorando e não consigo recordar o título. Penso:

"Será que estou desenvolvendo Alzheimer? Será que preciso me preocupar?" E o que quero saber é: devo me preocupar ou isso é normal?

Ele *parece* preocupado. Sinto vontade de abraçá-lo, como se faz com uma criança assustada no primeiro dia de escola, e dizer: "Fica frio, cara, isso é normal."

Todo terapeuta da memória tem histórias para contar sobre pessoas altamente dinâmicas e bem-sucedidas que chegam ao seu consultório desoladas porque não conseguem se lembrar de alguma coisa e perguntam: "Doutor, pode ser doença de Alzheimer?"

São os "maníacos por saúde", como a psiquiatra Gayatri Devi os denomina.

Para eles, a síndrome da vez costumava ser o ataque cardíaco e o câncer no seio, na década de 1980. Esse tempo passou. Chamávamos o câncer de Grande C. Agora temos o Grande A, tão central em nossa consciência coletiva que às vezes penso que se tornou o inimigo público número um.

"Muita gente se queixa de sua memória", diz o neuropsicólogo da Universidade de Colúmbia Yaakov Stern. "Eu me queixo da minha. (Na época de nossa primeira entrevista, ele tinha 50 anos.) A pergunta-chave é: até que ponto o esquecimento vem afetando sua capacidade de fazer o que sempre fez? Sim, muita gente é esquecida porque coisas demais acontecem em suas vidas, e sim, nossa memória piora à medida que ficamos mais velhos, e não, não acho que minha memória seja tão boa como nos meus 20 anos. Mas se alguém me perguntasse: 'Isso está atrapalhando o seu trabalho? Você ainda consegue fazer o que quer? Consegue pagar as contas, trabalhar, tocar a vida como está acostumado a fazer?', eu responderia: 'É claro que sim.' Essa é a diferença."

ESSAS MUDANÇAS NO CÉREBRO que afetam a nossa memória de forma tão desagradável começam a ocorrer muitos, muitos anos antes de percebermos. E são nitidamente diferentes das transformações que ocorrem com a doença de Alzheimer. Esse é um fato crucial a ser lembrado. Muita gente não sabe que são diferentes. E muita gente sabe, mas não lembra.

Por exemplo, ficamos preocupados quando os lobos frontais do cérebro, necessários à recuperação de memórias episódicas (autobiográficas), começam na meia-idade a perder velocidade e volume. Sendo as primeiras áreas do cérebro a exibir uma mudança, podem parar de nos dar exatamente o que queremos no momento em que queremos. Como já observei, podemos ter problemas com a memória contextual: "Sei que ouvi essa história, mas não consigo lembrar quem me contou" ou "Acabei de ler a respeito, mas não lembro onde".

Essas são as queixas comuns, clássicas, tediosamente normais, mas não as interpretamos como normais. Nós as interpretamos como um problema. Sinais e presságios do Grande A.

Muitos especialistas dizem que o tipo de perda normal de memória de que estamos falando nem sequer é uma perda. É um retardamento. A questão é que esperamos e aceitamos que os nossos corpos desacelerem com o tempo. Mas não as nossas mentes.

"Sua velocidade muda", o Dr. Gordon diz em seu consultório em Baltimore. "Você não vê boxeadores de 55 anos – eles não conseguem dar socos com rapidez suficiente. E a lentidão costuma ser confundida com perda de memória. Vemos pessoas na casa dos 40 ou 50 preocupadas com uma possível demência, quando na verdade são normais."

Em relação à perda de memória, nossa preocupação não é igual ao medo inequívoco causado por uma angina no peito ou por um caroço no seio. Nosso temor é atenuado ou disfarçado por uma pequena camada de humor. Consideramos aquele caroço e aquela dor no peito frutos de agentes malévolos – os genes, o destino – realizando seu trabalho sujo. São ataques traiçoeiros. Com a memória, existe aquela sensação terrível de que somos nós que estamos nos traindo. Assim, ficamos defensivos e aborrecidos, e voltamos o aborrecimento para dentro. Ou para fora.

É aí que as estratégias defensivas entram em ação. Recorremos às piadinhas: "Já não consigo lembrar meu próprio nome!" Driblamos o problema: se o tema da conversa envolve um nome ou fato ou notícia que você esqueceu, o jeito é mudar de assunto. Ou jogamos a culpa nos outros, uma estratégia popular entre os casais, como neste exemplo:

– Por que você não me deu aquele recado?

– Dei, sim.

– Não, você não deu.

– Dei, sim. Falei ontem à noite. Você esqueceu.

– Você não falou.

Claro que, quando as queixas se tornam suficientemente graves, muitas pessoas param de falar sobre elas. As estratégias de autodefesa dos maníacos por saúde costumam ser bem diferentes das que as pessoas usam quando realmente têm algo com que se preocupar.

Muito se falou sobre os "auxílios à memória": diferentes suplementos nutricionais como vitaminas, ervas e hormônios. Que eu saiba, nenhum estudo científico mostrou que qualquer deles proporcione algum benefício significativo para a perda normal de memória. Mas isso não importa. Conheço pessoas que tomam pílulas para a memória e juram que funcionam, e aqui fico do lado do grande e sábio Sinatra, que certa vez disse ser a favor de qualquer coisa que ajude você a atravessar a noite. Mas é preciso acrescentar: desde que não prejudique você ou outra pessoa.

O que traz à baila os cigarros e as bebidas. Os usuários pesados muitas vezes alegam que não conseguem pensar bem sem seu veneno favorito. Mas conheço muitos ex-usuários pesados para quem o veneno favorito de ontem é o veneno puro de hoje, e ponto. Um ex-fumante me conta: "Havia uma época em que eu não conseguia absolutamente pensar sem meus cigarros, e sabia que nunca seria capaz. Atualmente, o simples odor da fumaça de cigarro, o odor que costumava clarear minha mente, obscurece-a completamente."

Alguns fabricantes desses "reforços da memória" aconselham também o uso de recursos mnemônicos – como reforço dos reforços, você poderia dizer. Isso me faz rir, por lembrar um artigo de revista que escrevi certa vez sobre as dietas então na moda. Na mais maluca de todas, você recebia injeções diárias e caríssimas de uma substância chamada hormônio gonadotrópico. Diziam ser uma destilação da urina de ovelhas grávidas, ou algo semelhante, e garantiam que você perderia vários quilos.

Ah, e por sinal – só casualmente, veja bem – as injeções eram acompanhadas de uma dieta de 500 calorias ao dia. Isso são cerca de três folhas e meia de alface. É claro que você perdia vários quilos.

O psicólogo de Harvard Daniel L. Schacter diz que certos produtos anunciados como auxiliares da memória podem ter o mesmo efeito "estimulante" temporário de uma xícara de café. Mais úteis (e mais baratas também) são as técnicas mnemônicas simples que funcionam da mesma forma que a memória: por associação. Eis algumas que têm funcionado comigo e meus amigos. Talvez você já as esteja empregando. Caso não esteja, faça uma tentativa. Nenhuma o impressionará pela força de sua inventividade, mas e daí? Elas funcionam.

Você vive esquecendo onde colocou as chaves (os óculos, a carteira, etc.)?

Bom seria se todos os problemas da vida fossem tão fáceis assim de resolver. Consagre um lugar. Coloque um gancho numa parede bem perto da porta, e esse gancho será o local sagrado das chaves. Fixe o gancho em gesso ou madeira; fixe a associação em cimento.

Tão óbvio! Contudo, os terapeutas da memória dizem que colocar as chaves, ou outro objeto, no lugar errado continua sendo uma das queixas mais comuns dos maníacos por saúde. É quase – ousarei dizer? – como se quiséssemos viver perdendo as chaves, para que pudéssemos viver reclamando de nossa terrível memória. Um cacoete perverso do orgulho, como se vangloriar da pior enxaqueca da cidade ou da maior cicatriz cirúrgica.

Vive esquecendo de tomar suas pílulas? Entre na fila.

Esse problema envolve a memória prospectiva, que, como já disse, funciona de duas maneiras: baseada no tempo (Tenho que me lembrar de tomar as pílulas às 7h da manhã e da noite) ou baseada em evento (Preciso tomar as pílulas nas refeições). Como os eventos baseados no tempo são muito mais difíceis de lembrar, o segredo é associar os dois. Um exemplo: tomo uma pílula semanal de cálcio aos domingos. Às vezes eu esquecia. Agora mantenho o frasco do remédio numa mesinha bem ao lado da espreguiçadeira onde sempre me acomodo para ler os jornais de domingo. Não esqueço mais.

Vive esquecendo de desligar o forno ou o fogão?

Após queimar e inutilizar algumas panelas, passei a manter um despertador na minha escrivaninha, onde trabalho enquanto a comida está cozinhando. (Se seu fogão já possui um timer digital, você é um privilegiado. Eu não sou uma privilegiada.) Então posso relaxar, até certo ponto, e me concentrar no trabalho.

Esqueceu se trancou a porta (fechou as janelas, apagou as luzes, deixou a ração para o cachorro)?

Tente a associação visual e use seus outros sentidos também: veja-se saindo pela porta, sinta-se fechando a porta e colocando a chave (estava pendurada bem naquele gancho, certo?) na fechadura. Ouça o clique da fechadura. Todo o exercício sensorial aguçará seus poderes de observação, e quanto mais observador você for, mais facilmente lembrará.

Esqueceu por que você foi até a cozinha (o quarto, a escrivaninha, a sala do colega)?

Se reconstituir seus passos não ajudar, relaxe. Esqueça o que ia fazer, por assim dizer. Isso pode ajudar a lembrar. O que eu garanto que não ajudará a lembrar é ficar resmungando: "Droga, droga, droga, o que vim fazer aqui?"

A memória não pode ser forçada: essa é a crença do Dr. Relkin, da Universidade de Cornell. Ele diz: "Quando você se esforça muito para lembrar algo, aumenta o nível de ansiedade. E isso desencadeia uma série de eventos no cérebro que são contrários à lembrança. Razão por que, em parte, a lembrança vem mais tarde, quando você pára de tentar. Quando toda aquela adrenalina não está mais circulando e a pressão já não é tão grande, a mente relaxa, as associações fluem mais livremente e a palavra ou nome surge na sua memória."

Você tem dificuldade em memorizar números de telefone?

Bem, quem é que não tem? De qualquer modo, estão todos armazenados no seu celular e no seu computador e possivelmente até em algum meio antediluviano, como uma agenda.

Mas, pelo puro prazer de lembrar – e também porque lembrança gera lembrança –, tente isto: crie palavras, por mais imbecis que sejam, com as letras associadas aos números no teclado do telefone.

Ou você pode agrupar os dígitos. Uma amiga, Norma Quine, que mora numa parte de Londres onde os três primeiros dígitos são 422, usa a técnica do agrupamento:

– O número do meu clube de tênis é 5266. Assim, eu o decorei dizendo: 5 mais 2 é igual a 7, e 6 mais 6 é igual a 12. Assim tudo que preciso lembrar é 7 e 12.

Você esquece blocos de informações importantes – a pauta de uma reunião de negócios, uma reportagem, uma orientação médica?

Repetição, gente. Entre os especialistas em memória, essa é uma palavra quase tão sagrada quanto associação. Repita várias vezes os pontos-chave; lembre-se de que repeti-los ao longo do tempo, retornando a eles, digamos, várias vezes ao dia, funciona bem melhor do que querer decorar tudo de uma só vez.

De novo, envolver os outros sentidos sempre ajuda a memória. Anote esses pontos-chave. Toda vez que os revisitar, diga-os em voz alta. Faça a si mesmo perguntas sobre eles.

Você vive esquecendo de dar telefonemas, resolver problemas, pagar contas, aparecer nos compromissos?

Eu costumava usar uma daquelas agendas elegantes de couro inglês, de 13 × 18cm, com uma semana ocupando duas páginas e aqueles blocos minúsculos de espaço para cada dia. Não! Finja que você é um dentista. Compre uma daquelas agendas de mesa bem grossas e sem nenhum requinte, onde cada dia ocupa uma página inteira, e anote tudo. Tudinho. Imediatamente, antes que você esqueça. Se você, além de esquecido, for totalmente desorganizado como eu, isso fará uma grande diferença em sua vida. Eu prometo.

Você esquece o que ia dizer ou por que ia dizer aquilo? Constantemente? Se eu tivesse uma solução infalível, engarrafaria. O que tento fazer – acho que todos fazem isso, instintivamente – é reconstituir os passos da conversa. Às vezes funciona, outras vezes é mais como foi na minha sala de estar na noite passada:

– Não consigo lembrar o que comecei a dizer. Sobre o que estávamos falando agora?

– Bem, você estava dizendo como detesta voar...

– Não, antes disso.

– Estávamos falando sobre férias...

– Não, antes.

– Não consigo lembrar.

– Mas eu estava contando a você uma longa história. Por que comecei a contar a história?

– Como vou saber? Era sua história.

E, finalmente, a solução infalível: listas. Não deixe de fazê-las. Não dá para pôr o que você esqueceu de dizer numa lista, mas você pode pôr quase todo o resto. Listas: as melhores amigas de um lobo frontal em fase de envelhecimento.

Talvez esperemos demais de nossos cérebros. Somos mais generosos com nossas costas doloridas ou nossos pulsos com lesão de esforço repetido, respeitamos o desgaste deles. Mas será que reconhecemos como esses lobos frontais vêm funcionando ao longo de nossas vidas, lidando com a infinidade de dados que entulhamos neles? Um trabalho ingrato.

Quando eles acertam, nem ligamos, mas quando erram – quero dizer, não funcionam com a rapidez esperada ou no momento desejado – não perdoamos. Não pensamos que essas partes do cérebro merecem um descanso vez por outra. Não estou me referindo a férias, e sim ao direito de trabalhar um pouco mais devagar ou fazer uma pausa ocasional para o cafezinho, sem que entremos em pânico.

Mas é claro que os maníacos por saúde entrarão em pânico assim mesmo.

CAPÍTULO DOZE

Então quando não é normal?

OU QUEM ESCONDEU MINHAS CHAVES?

POBRE ALZHEIMER, o neurologista alemão que diagnosticou pela primeira vez a doença. Não deve ser fácil repousar em paz, sabendo que o mundo inteiro amaldiçoa o seu nome.

Alzheimer! Lembro perfeitamente – todos lembramos perfeitamente aquilo que mais queremos esquecer – a primeira vez que ouvi esse nome.

Foi em 1982. Eu estava preocupada com a situação de minha mãe, uma viúva vivendo sozinha num subúrbio de Boston, sem nunca reclamar de nada, mas uma mulher frágil e acanhada, com a vista ruim, a audição pior ainda e um inglês razoável para alguém nascido no estrangeiro, mas longe de ser perfeito.

Até que, numa noite, ela acorda às 3 horas, tenta pegar água, engole o produto de limpeza da dentadura e entra em pânico, achando que se envenenou.

Ao amanhecer recebo um telefonema em Nova York do seu médico. Ele diz: "Ela ficou tão apavorada que enviei um carro da polícia para levá-la à emergência do hospital. Um psiquiatra disse que ela não conseguia responder às perguntas mais simples. Ele acha que pode ser doença de Alzheimer e, tenho que dizer, espero que esteja enganado, porque passamos por isso com minha sogra, e é a pior coisa que você pode imaginar."

Assim animada, chego rapidamente lá e caminho, num pavor reverente, até o quarto do hospital de minha mãe. Encontro-a ali sentada, enrubescida de vergonha por me ver, e tão lúcida quanto eu.

– Bem, você me conhece, sou uma apavorada – ela diz – e aí, no meio da noite, ouço baterem na porta, e dois policiais grandões, como cossacos – nascida numa família de judeus russos, ela nunca esqueceu quando seus pais a escondiam durante os ataques de cossacos à sua aldeia –, me levam para uma grande sala iluminada, e esse médico me faz um monte de perguntas estranhas. Ele pede o número do meu telefone. Eu digo que não me lembro. Por que deveria me lembrar? Quantas vezes eu ligo para mim? Aí ele quer saber: "Quem ganhou a guerra?" ou "Onde foi a guerra?" ou algo semelhante. Eu pergunto: "Qual guerra?" Houve tantas guerras, como eu poderia saber a que guerra ele se referia? E aí ele me pergunta: "Sra. Weinman, onde você nasceu?" Aí eu digo: "Não sei exatamente." Ele deve ter achado que eu estava maluca. Mas, querida, você sabe que eu não sei exatamente. Um dia eles chamavam de Rússia, no dia seguinte chamavam de Polônia, no outro dia era Rússia de novo.

Levei-a para casa, permaneci alguns dias com ela, depois liguei de Nova York para saber como estava se sentindo.

– Muito bem! – ela respondeu. E era verdade. Nada de doença de Alzheimer.

Não conheço exemplo melhor, baseado na experiência pessoal, do impacto da emoção – medo, raiva, qualquer coisa que deixe você perturbado – sobre a memória. O problema da minha mãe era de memória? Não essencialmente. Ela ficou apavorada e perdeu a cabeça.

Perdeu a cabeça. Às vezes é instrutivo parar para refletir sobre o significado de um clichê.

E mais: o médico que a examinou era jovem, inexperiente, provavelmente estava exausto e era tão sensível como nós ao espectro da doença de Alzheimer. Fácil chegar a esse diagnóstico. Não sabe o próprio telefone? Elementar! Alzheimer!

O que nos traz à questão do chique.

A doença de Alzheimer – por favor, entendam e não me escrevam cartas indignadas – é chique.

O chique existe na medicina como em qualquer outra parte. Na década de 1960, na época do Dr. Christiaan Barnard, o cirurgião sul-africano que realizou o primeiro transplante de coração do mundo, a cirurgia coronariana era chique.

Na década de 1970, no apogeu de Masters e Johnson, a terapia sexual era chique.

Nas décadas de 1980 e 1990 só deu Aids. Ela ainda está entre nós, mas deixou de ser chique. Nossos instintos são generosos, mas nosso intervalo de atenção é curto.

Mal de Alzheimer. Apenas duas décadas atrás, a maioria pouco ou nada sabia a respeito da doença, e muitos nem sequer tinham ouvido falar no seu nome. Como foi que ela se tornou tão conhecida?

Em parte, graças aos esforços maciços e bem financiados da Fundação Alzheimer e de outras organizações afins. Em parte foi a triste saga de Ronald e Nancy Reagan que acompanhamos pela televisão. Em parte foi, e é, o velho problema dos gastos públicos: o governo tem um interesse enorme em apoiar as pesquisas da doença porque ela custa uma fábula aos seus cofres. Os pacientes vão para asilos de idosos, os recursos das famílias se esgotam, a saúde pública entra em ação. Ao todo, a doença custa anualmente aos Estados Unidos cerca de 150 bilhões de dólares.

Nos últimos anos, reportagens de capa das principais revistas de notícias americanas têm informado que a doença de Alzheimer é a maior preocupação de saúde da geração que nasceu entre 1946 e 1964, os *baby boomers*, que representam cerca de 78 milhões de pessoas. Eis o que me disse o Dr. Richard E. Powers, presidente do conselho consultivo científico da Fundação Alzheimer: "Essa é a geração que queria permanecer jovem para sempre, e agora está descobrindo que isso não vai acontecer. A doença de Alzheimer é a mais temida por estar vinculada à autonomia e independência."

O Dr. Powers tem 56 anos. Ele tem problemas de memória? Riso amarelo.

"Estive recentemente com um grupo de médicos, todos mais ou menos da minha idade, e estávamos todos rindo das mudanças que observamos. Quando tínhamos entre 25 e 35 anos, conseguíamos ler um artigo científico uma única vez e reter o conteúdo. Agora temos que ler várias vezes. Alguns anos atrás, comecei a esquecer os nomes. O que não significa que eu tenha demência. Significa que tenho 56 anos e que minha capacidade de memorizar informações novas não é mais a mesma."

A síndrome do medo da doença de Alzheimer afeta até os mais jovens. Enquanto escrevo estas linhas, lembro uma conversa recente com minha dentista, ela falando quase sozinha porque minha boca estava ocupada:

EU: Como anda sua memória? (Pergunta que faço, atualmente, a quase todos com quem me encontro.)

EVELYN: Terrível. Sempre foi terrível. Ouvi dizer que as pessoas que sempre tiveram memória ruim são mais propensas a desenvolver Alzheimer. É verdade?

EU: Não.

EVELYN: Não? Sério? Bom saber. Mas eu me preocupo com isso. Às vezes tenho certeza de que vou ter essa doença, porque minha memória é péssima.

Evelyn tem 38 anos.

O principal fator de risco para a doença de Alzheimer é a idade. Não é a inteligência, nem o estilo de vida, nem a genética – embora todos pareçam desempenhar um papel –, e sim a idade.

"Tempos atrás, relativamente poucas pessoas chegavam aos 50 anos", explica Barry Gordon, o neurologista do Johns Hopkins

Hospital. "Agora, com tantas doenças infecciosas debeladas, com a doença cardíaca bem mais sob controle e com nossa cultura exigindo de nós um alto desempenho, o grande temor de muitas pessoas não é ser derrubado por um ataque cardíaco. É a doença de Alzheimer.

O Dr. Yaakov Stern, professor da Universidade de Colúmbia e diretor de neuropsicologia do Centro de Distúrbios da Memória do New York State Psychiatric Institute, acrescenta: "Costumávamos ver menos casos de Alzheimer porque as pessoas morriam antes de correr o risco de desenvolver a doença. Agora cada vez mais pessoas vivem mais tempo. Assim, de repente, nos últimos 20 anos, o problema explodiu."

Eu pergunto se ele está sugerindo que, se todos vivêssemos tempo suficiente, acabaríamos desenvolvendo Alzheimer.

Dr. Stern garante que não é isso: "O que estou dizendo é simplesmente que a porcentagem de pessoas com a doença aumenta na idade avançada."

Depois de ouvir a explicação, vou logo cobrando: "Se vocês, cientistas, pretendem continuar descobrindo meios de prolongar nossas vidas, é bom descobrirem também a cura dessa doença."

Portanto, eis a grande questão: "Quando é que a perda de memória é normal, um reflexo da idade, e quando pode ser algo mais?

Sintomaticamente, as duas situações podem não parecer, no início, muito diferentes – e é isso que deixa as pessoas apavoradas. Mas, fisiologicamente, são totalmente diferentes.

A perda normal de memória acontece porque o cérebro começa a encolher, o fluxo sanguíneo, a declinar e os neurotransmissores, a reduzir sua atividade... e por que a surpresa? Essas coisas acontecem tão naturalmente como o enfraquecimento da visão, a fragilidade dos ossos e a flacidez dos braços.

A doença de Alzheimer é causada por um padrão definido de mudanças anormais que ocorrem no cérebro. Os neurônios se emaranham até não conseguirem mais disparar. Depósitos de uma proteína chamada amilóide se acumulam e formam uma plaqueta. Esse amilóide bloqueia o tráfego, assim como um tipo diferente de plaqueta pode bloquear o tráfego nas artérias coronárias. Ele leva à paralisia e, no final, à morte do tecido cerebral.

Ainda se sabe muito pouco sobre o mal de Alzheimer. Na verdade, o que se ignora sobre a doença é mais do que aquilo que se sabe.

Ignora-se, por exemplo, como diagnosticá-la por meios clínicos confiáveis, como uma tomografia do cérebro ou um exame de sangue.

Ignora-se quem será vítima da doença.

Ignora-se por que dois terços dessas vítimas são mulheres. Uma explicação, ao menos parcial, é o fato de que as mulheres vivem mais tempo. Além disso, elas têm mais dificuldade em controlar a diabetes, a obesidade e o colesterol alto, todos fatores de risco para Alzheimer.

E não se conhece atualmente nenhuma cura, embora haja esperanças no horizonte. Como, apesar dos progressos recentes, ainda não existe um exame médico plenamente confiável, não há certeza absoluta de um diagnóstico correto. (A não ser por autópsia. O que não chega a ser um consolo.)

Mas existem algumas regras práticas, explica o Dr. Stern.

"Fazemos uma bateria de testes – quebra-cabeças, testes de memória, de linguagem, de capacidade espacial e de raciocínio. Procuramos um padrão de deficiências típico do início da doença de Alzheimer e tomamos a decisão. Geralmente acertamos. A questão é: quando se trata de problemas mais sutis, como tomar a decisão? Usamos normas que mostram o desempenho esperado em uma determinada idade, ajustado por sexo, educação e assim por diante. Mas é difícil fazer o diagnóstico preciso."

Se alguém tem uma pontuação abaixo da norma *e* reclama da memória (ou os outros reclamam dele), mas consegue se virar bem na vida diária, o diagnóstico é *deficiência cognitiva branda*. Ela pode continuar branda, progredir para doença de Alzheimer ou até melhorar. É o clássico "Só o tempo dirá".

Existem regras práticas também. Nisso, como em tantas outras coisas, é tudo uma questão de grau. Por exemplo: você pode chegar em casa, após um dia agitado no trabalho, e alguém perguntar: "Lembrou-se de comprar o leite?" Você dá um tapa na cabeça e diz: "Xi! Esqueci." Nenhum motivo de preocupação.

Por outro lado, se você diz "Que leite?", e se isso acontece com freqüência crescente, pode ser outra história.

É NORMAL?

Provavelmente normal	**Possivelmente preocupante**
• Você freqüentemente coloca as coisas no lugar errado.	• Você constantemente coloca as coisas no lugar errado e põe a culpa nos outros.
• Você esquece o que havia combinado e pergunta: "O que você disse que faríamos esta noite?"	• Meia hora depois, você repete a mesma pergunta.
• Às vezes você esquece onde estacionou o carro.	• Você esquece com freqüência onde estacionou o carro e, às vezes, esquece percursos familiares.
• Você conta a todo mundo que sua memória é terrível.	• Os outros reclamam da sua memória. Você tende a se preocupar em silêncio.
• Você às vezes se esquece de ir a compromissos, resolver problemas, dar telefonemas, tomar pílulas.	• Esses lapsos são cada vez mais comuns.
• Às vezes você esquece o que comeu na noite passada.	• Grande parte de ontem costuma ser um branco na sua memória.
• Você sabe que tem certa perda de memória, mas consegue tocar a vida do jeito que quer.	• Sua perda de memória interfere em sua atividade diária.
• Você esquece os nomes de pessoas que conheceu recentemente.	• Você esquece os nomes de amigos íntimos e parentes.
• As pessoas às vezes dizem: "Você já me contou isso."	• Você se repete com freqüência e sem perceber.
• É bem mais difícil do que antes lidar com várias tarefas ao mesmo tempo.	• Você não consegue mais realizar várias tarefas ao mesmo tempo.

"Pode ser um julgamento difícil para a pessoa", diz o Dr. Stern. Uma outra dirá: 'Ele acha que está indo bem, mas está cometendo erros, não está fazendo nada direito...' Esse é um problema sintomático. Mas eu acho que, no nível prático, o mais importante é se você próprio acha que não consegue fazer coisas que considerava fáceis. Um monte de gente fica reclamando: 'Ah, minha memória não é mais a mesma...', mas as pessoas só costumam procurar um médico quando algo acontece."

Pergunto que tipo de coisa.

"Alguém comete um grande erro no trabalho. Os filhos visitam seus pais e vêem que as contas não estão sendo pagas. A casa parece uma bagunça. A mãe costumava preparar aquelas refeições maravilhosas, mas não prepara mais... Não porque tenha perdido o interesse, mas porque não consegue mais. Os parceiros de bridge estão reclamando. Este é um bom exemplo, porque o bridge requer uma habilidade de alta cognição. Você ouve: 'Meus parceiros não querem mais jogar comigo. Eles dizem que estou errando demais.'"

Metacognição é a percepção das nossas próprias habilidades. Se você tem queixas de sua memória mas o seu teste dá normal, o problema pode ser um destes:

1. Você passou a lidar com mais tarefas do que estava habituado.
2. Quando você era mais jovem, tinha mais capacidade cognitiva do que a média; com o tempo, você se aproximou da média.
3. Você simplesmente ainda não se acostumou à perda de memória corriqueira.

Sua memória pode estar boa. Não tão boa aos 50 como aos 30, mas parece suficientemente boa para as pessoas à sua volta. Mas essa não é a *sua* percepção.

"Veja bem", diz a neurologista de Nova York Gayatri Devi, "existe uma grande diferença entre um cérebro que está funcionando a 100% e um que está funcionando a 95%. *Em termos de autopercepção*, essa diferença é bem maior do que a de um cérebro que está funcionando a 50% e outro que está funcionando a 30%."

Quase todos nós temos a estranha mania de reclamar de nosso próprio esquecimento, quando provavelmente não há nada com que se preocupar. Mas se as pessoas sentem que têm um problema real, diz a Dra. Devi, tendem a parar de falar a respeito ou fazer piada com o próprio esquecimento. Em vez disso, tentam ocultá-lo até dos parentes mais próximos. Pessoas falantes se tornam caladas, parecendo deprimidas. É claro que podem ter caído mesmo em depressão, mas às vezes estão evitando falar porque temem usar palavras erradas ou dizer alguma besteira.

"Elas tendem a ter conversas que consistem inteiramente em trivialidades, sem nenhuma informação séria, de modo que você não perceba que têm um problema de memória", explica a neurologista.

Depois existe o jogo da culpa, como neste clássico diálogo de um casal:

– Eu *disse* a você que íamos sair esta noite.
– Não, você não disse.
– É claro que disse!
– Não, você não disse.

E a acusação pode deixar de ser uma estratégia e evoluir do "Não consigo lembrar onde deixei minhas chaves" para "Quem pegou minhas chaves?" e depois possivelmente para "*Por que você pegou minhas chaves?*"

O que resume perfeitamente as distinções entre perda normal de memória, deficiência cognitiva branda e demência.

ENTRE OS TEMAS MAIS QUENTES das pesquisas da memória atualmente está como detectar precocemente a doença de Alzheimer.

Podemos detectar um problema antes que se agrave?

"Esse é o objetivo que os pesquisadores estabeleceram agora", diz o Dr. Stern.

"Os medicamentos de que dispomos não curam a patologia, apenas retardam o declínio da pessoa. Mas agora existe a possibilidade de que sejam desenvolvidos medicamentos que atuem sobre a causa da doença, permitindo bloqueá-la nos estágios iniciais, antes que tenha uma chance de provocar grandes danos. Deficiência cognitiva branda: esse é o problema que vem recebendo o foco da indústria farmacêutica, partindo do princípio de que a intervenção precoce pode impedir sua progressão."

Confesso uma desconfiança maldosa de que outra teoria da indústria farmacêutica seja que a intervenção precoce representa mais vendas. Mas sou inclinada a ter uma visão maldosa da indústria farmacêutica.

Um segundo tema quente é o estudo de pessoas idosas cujas memórias estejam intactas. Aquelas que chegam à casa dos 80 e 90 anos praticamente sem esquecer um nome. Desnecessário dizer que são poucas – tomara que sua tribo aumente.

Por que permanecem tão à frente dos outros? Bem, *porque*, apesar de nossa bela retórica democrática, não há dois cérebros que tenham sido criados iguais. Como os atletas naturais, algumas pessoas podem ter nascido com uma vantagem neurológica, com mais habilidades intrínsecas para lembrar. Algumas pessoas podem ter genes que fornecem uma margem de proteção extra contra a demência.

Além disso, parece cada vez mais claro que diferenças ambientais desempenham um papel importantíssimo.

O Dr. Stern fala em "reserva de cérebro" – algumas pessoas têm cérebros maiores, mais neurônios – e de seu próprio conceito de "reserva cognitiva". Você pode imaginá-la como uma espécie de fundo de investimento mental. Os genes, o QI e as experiências de vida – nível de educação, tipo de profissão, dieta, atividades de lazer, redes sociais, exercício mental e físico – parecem enriquecer esse fundo.

"Quando ocorre uma lesão cerebral, o cérebro não fica parado, sem reagir", ele explica. "Tenta compensar a lesão; faz o possível para enfrentá-la. Vemos duas pessoas com o mesmo grau de lesão cerebral, mas uma parece demente e a outra, normal. É aquela com mais reserva cognitiva. Quanto maior a reserva, melhor o cérebro consegue enfrentar a lesão."

Por meio de tomografias do cérebro, sua equipe de pesquisa descobriu que algumas pessoas usarão caminhos neurais diferentes de outras para resolver o mesmo problema, e com mais eficiência. Parece que as experiências de vida que contribuem para a reserva cognitiva podem realmente alterar a forma de funcionamento do cérebro, permitindo que atue melhor e com mais flexibilidade. Agora a equipe está projetando um estudo para saber mais sobre como a reserva cognitiva funciona e como pode ser melhorada.

No Hospital Mount Sinai em Nova York, o professor Jeremy Silverman encabeça uma equipe que está estudando pessoas com mais de 90 anos, "os mais velhos dentre os velhos", que ainda estão boas da cabeça – os cognitivamente intactos, como dizem os especialistas. Essas aves raras estão sendo analisadas dos pontos de vista genético e ambiental.

Quatro genes diferentes estão associados à doença de Alzheimer. Três são raros e podem levar à doença em idades bem prematuras, mesmo aos 30 anos, e não precisamos nos preocupar com eles aqui. O quarto é chamado apolipoproteína E. Ele é comum e existem três tipos, assim como os genes da cor dos olhos, conforme observa o Dr. Silverman.

Esses três tipos são designados E2, E3 e E4. O E2 é o mais raro, o que é uma falta de sorte, porque existem indícios de que protege contra a doença de Alzheimer. Ocorre em cerca de 8% da população em geral. Já o E4, o gene associado ao risco maior, encontra-se em cerca de 18%. Os genes, é claro, vêm em pares, um do pai e outro da mãe. Pessoas com um par de E3 ou com um E3 e um E4 correriam menos risco do que aquelas com um par de E4.

A equipe de Silverman vem estudando uma população particular na Costa Rica, um grupo de famílias com membros cognitivamente intactos acima dos 90 anos. Apenas 2% desses idosos parecem ter o gene de risco maior. Seus parentes também são mais propensos a um risco menor, diz o Dr. Silverman.

Mas nada disso indica que os genes possuam, na doença de Alzheimer, o peso que têm na doença de Huntington, que é fortemente hereditária.

Se você tem um par de genes E4 e goza de boa saúde, não desenvolverá necessariamente a doença de Alzheimer. Por outro lado, os E2 podem não ajudar muito se você sofre de hipertensão, colesterol alto, diabetes ou obesidade – todos fatores de risco – e não segue as ordens do médico.

(Na verdade, um número chocante de americanos não segue as prescrições dos médicos. "Somos uma nação de desobedientes", diz o Dr. Richard Powers, da Fundação Alzheimer. "Cerca de 46% dos diabéticos tomam os medicamentos como deveriam. Na hipertensão, 40% tomam os remédios corretamente, 20% tomam eventualmente e 40% simplesmente não tomam.")

Negligenciar um distúrbio como a obesidade da linha média (barriga), que parece não ter nada a ver com a cognição, é realmente procurar problema. "As pessoas imaginam a obesidade como uma espécie de bolsa se projetando à sua frente", o Dr. Powers diz. "Mas aquela gordura também está do lado de dentro, aderindo aos seus órgãos, e está mudando a química do seu corpo de formas que podem ser prejudiciais às suas células cerebrais."

Se os genes não são o fator preponderante na doença de Alzheimer, você talvez se pergunte qual a utilidade de explorar a constituição genética de um bando de nonagenários milagrosamente intactos. "Quanto mais conseguirmos aprender sobre quais genes conferem proteção contra a demência, maior será a possibilidade de intervenções – pílulas ou dietas ou outra coisa – que façam pelas pessoas o que os genes bons fazem", explica o Dr. Silverman.

Alguns especialistas estão menos inclinados a ver uma cura para a doença de Alzheimer e mais propensos a acreditar na descoberta de medicamentos capazes de controlá-la e retardá-la. Mas muitos outros apostam numa solução genuína – algo que atue diretamente sobre a causa da doença.

No horizonte próximo, diferentes abordagens poderiam fornecer a solução. Os cientistas estão de olho no amilóide, a proteína que se acumula em plaquetas e leva à doença de Alzheimer. Os genes podem fazer com que alguém tenda a desenvolver as plaquetas, e os cientistas estão experimentando remédios para bloquear essa ação. Também estão explorando meios de desenvolver o sistema imunológico para combater o amilóide, criando anticorpos que se prendem ao amilóide e que podem ajudar a removê-lo do cérebro.

"Existe um pressuposto de que acabaremos chegando a um tratamento", o Dr. Stern diz. "Acho que talvez dentro de cinco anos haverá testes clínicos ativos."

Seria uma mudança da água para o vinho. A situação atual é, de certa forma, a mesma do câncer um quarto de século atrás, antes do advento de intervenções precoces e tratamentos de alta eficácia. Muitos conseguem lembrar uma época em que o câncer era tão assustador que ninguém falava sobre ele e, se houvesse um caso na família, não era mencionado, como se fosse algo vergonhoso. A descoberta de um tratamento para a doença de Alzheimer acabaria da noite para o dia com a grande carga de medo e ansiedade que ela provoca exatamente por ser incurável.

Finalmente, chegamos ao fator ambiental. O professor Michal Beeri aborda esse aspecto nos estudos conduzidos no Mount Sinai. Discutindo as razões por que a doença de Alzheimer ataca sobretudo as mulheres, incluindo a suscetibilidade feminina a doenças de alto risco como diabetes e hipertensão, ele levantou a questão do estrogênio.

As mulheres deixam de produzir estrogênio após a menopausa, e acredita-se que o baixo nível de estrogênio seja outro fator de risco para a doença de Alzheimer. (Mas não há bons indícios de que a terapia de substituição hormonal ofereça proteção.)

O Dr. Beeri apresenta ainda outra teoria, relacionada com o parto. Quanto mais filhos uma mulher tem, mais baixo seu nível de estrogênio. Portanto, é possível que uma mulher com vários partos corra um risco maior. O que *não* significa que mulheres com muitos filhos precisem ter medo, ou que mulheres que desejem ter muitos filhos deveriam evitá-los. Significa apenas que um dos fatores de risco nesse quadro complexo pode ser vários partos – talvez nem mesmo por causa de baixos níveis de estrogênio, mas por um motivo totalmente diferente, como a possibilidade de que mais filhos possam provocar mais estresse, e o estresse é um fator de risco conhecido.

Mas nada disso se aproxima dos três maiores fatores de risco:

1. Idade
2. Sexo
3. Educação

Quanto à idade, eis o dilema: se você morrer mais jovem, terá menos chances de desenvolver a doença. Prefiro correr o risco.

Quanto ao sexo, não há nada que se possa fazer. Mas as mulheres podem controlar fatores como obesidade, colesterol e diabetes, que fazem com que corram mais riscos do que os homens.

Quanto à educação, muitos estudos associaram o grau de instrução à doença de Alzheimer, mas o Dr. Stern possui uma estatística reveladora mostrando que as pessoas com menos de oito anos de estudo correm *duplo* risco de desenvolver a doença de Alzheimer.

Mas é claro que a educação não é um fator isolado. Existe um conjunto de fatores. Pessoas com menos instrução tendem a ter menos segurança financeira, a trabalhar em funções menos desafiadoras, a ser menos estimuladas mentalmente, a praticar menos exercícios físicos, a ter menos atividades de lazer, sociais e culturais, a seguir dietas menos saudáveis – em suma, a ter menos de todas essas mordomias da classe média que alimentam a reserva cognitiva.

O Dr. Beeri diz: "Quando dou palestras, digo às pessoas: 'Cuidado com o colesterol. Controlem o peso. Tomem seus remédios corretamente. Sejam mentalmente ativos. Sejam fisicamente ativos. Sejam socialmente ativos." Ora, nada disso é tão difícil de fazer. Mas se você reunir tudo isso, provavelmente reduzirá o risco de desenvolver a doença de Alzheimer.

"Sempre enfatizo o fator social", continua o Dr. Beeri. "A questão da leitura, digamos, não parece tão complicada. Compara-se a ativar um músculo. Mas quando falamos em cultivar uma rede social, a coisa é bem mais complexa. Por que a interação social protegeria contra a demência? Porque o amor faz bem ao cérebro? Ou porque, se você tem com quem conversar, não fica tão solitário? Não sabemos. Mas quando dou minhas palestras, eu digo: 'Façam amigos! Mantenham sua vida social ativa! Isso fará bem a vocês!"

É isso aí.

P.S. QUANTO À MINHA MÃE, ela viveu mais cinco anos após aquele diagnóstico falho de doença de Alzheimer, até os 86. E se eu estiver viva aos 86, com a memória tão boa como a dela... bem, é o que eu desejo a todos nós.

CAPÍTULO TREZE

Você diz estimulante cerebral, eu digo espinafre

DIETA E MEMÓRIA

– Veja bem – ela disse –, minha memória está bem melhor desde que descobri esta poção mágica.

– Qual poção mágica? – perguntei.

– *Ginkgo biloba.*

– Fala sério...

– Fala sério por quê?

– Bem, sua eficácia tem sido contestada...

– Contestada por *quem*?

– A maioria das pesquisas mostrou...

– Que me importam as *pesquisas*? Estou falando da *minha experiência pessoal.*

A essa altura, qualquer idiota desistiria de argumentar. O que não fiz.

– Estou apenas dizendo que não há provas concretas.

– Isso é o que *você* diz – ela retrucou.

NOSSA CONVERSA FICOU POR AÍ. Terminamos o almoço, dissemos um tchau inexpressivo e, desde então, ela está aborrecida comigo, e com razão. Não se deve cortar o barato dos outros. Você não deve criticar a poção mágica de alguém. É como criticar seu médico ou sua mãe ou, Deus me livre, sua religião. Terreno sagrado. Não Pise na Grama. Nem sequer pense em estacionar aqui.

Quando se trata da fé numa panacéia, não importa a pesquisa. Importa a fé. É como aquelas palavras imortais proferidas, tempos atrás, por um membro da dinastia dos cosméticos Revlon: "O que vendemos", ele disse, "é esperança." Eles vendem, nós compramos.

Se você der uma olhada, ainda que superficial, nos sites de auto-ajuda da internet, encontrará listas de substâncias comestíveis que alguém jurará ser o melhor estimulante do mundo para a memória.

Uma breve lista: extrato de semente de castanha-da-índia (que talvez você reconheça mais prontamente pelo nome latino, *Aesculus hippocastanum*), equinácea, *saw palmetto*, *Ginkgo biloba*, boro, *cohosh* negro, erva-de-são-joão, cardo-leiteiro, *Epimedium grandiflorum*, *ginseng*, prímula da noite, valeriana... e, passando para um território menos exótico, chegamos a alfafa, feijões (comuns, feijão-de-lima, feijão-de-soja), óleo de semente de linhaça, chá verde, suco de uva, chocolate, chiclete, feno-grego, alfazema, suco de romã, amora, gengibre, alcachofra, cenoura, repolho, abóbora, alho e alho em pó, ácidos graxos ômega-3, ácido clorídrico, ferro, alga, extrato de alcaçuz, níquel, extrato de casca de pinheiro, trevo-violeta, sementes (de girassol, gergelim, linhaça, abóbora), uma série de vitaminas (mais popularmente, C, E e um sortimento de B's), vários minerais, inúmeras poções de ervas... etc., etc. Não mandem cartas indignadas dizendo que omiti alguma substância. O espaço é limitado.

Pode ser que cada um desses itens auxilie a memória. Muitos contêm antioxidantes, que acredita-se serem capazes de proteger as células cerebrais contra lesões, de modo que podemos pressupor que ajudem a memória também. Ninguém pode provar que não. Mas, até agora, ninguém provou que sim.

Portanto, eis a questão: o que podemos colocar nas nossas bocas que comprovadamente ajude as nossas memórias?

Aqui está a resposta: "Basicamente, não há fatores dietéticos solidamente comprovados para a preservação da memória."

Ai!

A pergunta foi minha. A resposta veio do Dr. Meir Stampfer, professor de nutrição e epidemiologia da Harvard School of Public Health.

Ele então acrescentou um grande porém: "O mais promissor, no entanto, são os indícios de uma ligação entre a doença vascular e a demência. Dietas associadas a um risco menor de doença vascular também estão associadas a um risco menor de demência. Se você seguir uma dieta saudável para o coração, estará também adotando uma dieta saudável para o cérebro."

Todos eles dizem isso. E o incrível é que dizem da mesma maneira. Fiz a mesma pergunta ao Dr. William Jagust, professor de saúde pública e neurociência da Universidade da Califórnia, Berkeley. Resposta: "Há indícios esmagadores de que uma dieta saudável para o coração também é saudável para o cérebro. Não está claro por quê. A explicação simples é que o cérebro é suprido por vasos sangüíneos, e seja lá o que você fizer por seus vasos sangüíneos acabará beneficiando o cérebro. Duvido que seja tão simples assim. Mas quaisquer que sejam os motivos, os dados são irrefutáveis."

E quanto aos suplementos dietéticos tão em voga?

O Dr. Stampfer é o editor médico de um importante informativo sobre suplementos dietéticos publicado pela Harvard Medical School. Houve dois boletins abordando o assunto: um – de Stampfer – sobre vitaminas e minerais, e o outro sobre ervas e outros preparados.

Os suplementos dietéticos constituem uma indústria de 18 bilhões de dólares ao ano. Milhões de pessoas utilizam esses suplementos para tratar de tudo, desde pressão alta, distúrbio obsessivo-compulsivo ou queda de cabelos masculina até o problema que nos importa aqui: nossas memórias.

Os fabricantes não podem afirmar que os suplementos tratam ou curam doenças. Mas não há nada que os impeça de fazer promessas atraentes nos rótulos, como "aumenta o desejo sexual", "fortalece o sistema imunológico", "alivia o estresse" ou "melhora a memória".

Os autores dos informes de Harvard usam a fórmula da boa notícia seguida pela má notícia. A boa notícia, eles escrevem, é que, com as crescentes pesquisas que estão sendo realizadas, estamos descobrindo mais sobre essas substâncias. A má notícia é o que estamos descobrindo: "Com o aumento da análise científica, problemas com as ervas e outros suplementos estão vindo à luz."

A maioria dos problemas é com ervas, não com vitaminas. Sobre as vitaminas, eles dizem essencialmente: não existem evidências científicas (apesar de todo o alarde) de que a vitamina E ajude a memória de pessoas saudáveis. Uma dieta rica em vitamina E (cereais integrais, óleos vegetais e as costumeiras verduras) pode ajudar a proteger contra a doença de Alzheimer, mas não está claro se os suplementos de vitamina E fariam o mesmo. Os antioxidantes são benéficos e nossos corpos os produzem, mas o valor dos suplementos antioxidantes é incerto. Pessoas com níveis baixos de ácido fólico, B6 e B12 parecem se sair pior nos testes de memória, de modo que um multivitamínico é bom para quase todos. Mas a dosagem excessiva (de *qualquer coisa*) é ruim e pode ser perigosa. Por exemplo, o excesso de vitamina E poderia causar hemorragia em quem estivesse tomando anticoagulantes.

Quanto aos suplementos de ervas, problema número um: muitos dos produtos examinados pelo informe de Harvard não contêm o que alegam conter. Problema número dois: alguns contêm tão pouco do ingrediente ativo que não é significativamente mensurável. Problema número três: muitos não tratam eficazmente o distúrbio que alegam tratar.

Embora vários produtos sejam anunciados como estimulantes da memória, somente o *Ginkgo biloba* é comercializado como tal. Portanto, vamos nos ater a ele.

O *Ginkgo biloba* é, há muito tempo, o carro-chefe da indústria da memória. Mas, nos últimos anos, vários estudos mostraram resultados pífios e as vendas caíram, embora continuem enormes – a esperança é a última que morre.

Ao examinarem a qualidade e a pureza de diferentes produtos de *Ginkgo biloba*, os pesquisadores encontraram grandes diferenças nas quantidades do ingrediente ativo. Também descobriram que muitos desses produtos não eram fabricados de acordo com os padrões recomendados.

Para medir a eficácia dos fitoterápicos, os pesquisadores usam a seguinte classificação:

A significa que existem "fortes indícios científicos" a favor de certa substância para certos distúrbios.

B significa que existem "indícios científicos bons" a seu favor.

C significa que não existe "nenhum indício científico claro" a favor da substância.

D significa... *esqueça* o produto (pelo menos de acordo com as pesquisas atuais).

Para o tratamento da doença de Alzheimer e da demência vascular, o *Ginkgo biloba* recebeu nota A. (Vários estudos mostraram que ele pode ajudar temporariamente os pacientes com Alzheimer, ou ao menos retardar a progressão da doença.) Mas para *nós* – para melhorar a perda de memória corriqueira ligada à idade –, e como um "estimulante da memória" para pessoas saudáveis de todas as idades, o *Ginkgo biloba* recebeu nota C.

Na verdade, quase tudo teve nota C. Nunca vi tanto C reunido num só lugar. Fiz uma contagem aproximada: das mais de 280 notas dadas a 52 suplementos, houve 14 notas A, cerca de 30 notas B, 26 notas D (o *Ginkgo biloba* recebeu apenas um D, como tratamento preventivo para derrame), o resto sendo tudo notas C.

O que não significa *necessariamente* que todos esses produtos careçam de valor. Os testes avançam rapidamente. As pesquisas que parecem mais confiáveis podem ser refutadas por pesquisas para novos estudos amanhã. Faz parte do processo científico. Também faz parte do problema.

Portanto cabe a nós tomar a decisão. O que não é tão ruim assim. Seria péssimo se estivéssemos lidando com tratamentos para doenças mortais. Mas esta não é uma questão de vida ou morte (exceto, é claro, para os capitães da indústria de suplementos dietéticos). Não estamos falando de alguma "cura" hipotética para o câncer, e sim do efeito dos suplementos dietéticos em nossas memórias periclitantes.

A questão pode estar em aberto, mas podemos contar com nossa própria experiência.

O que me traz de volta à minha possivelmente ex-amiga, a fã do *Ginkgo biloba*. Sua experiência diz que o *Ginkgo* é 10. A minha pode dizer que não é melhor do que espinafre. Mas, se eu pudesse voltar àquele almoço, diria: "Se funciona para você, tudo bem." E ficaria por aí.

Por quê? Primeiro, porque a questão está em aberto. A fé dela ainda pode se revelar cientificamente fundamentada.

Segundo: se for um mero efeito placebo, e daí? Os efeitos placebo podem ser ótimos. Eles trouxeram conforto a um montão de pessoas.

Terceiro, e sempre um ponto a considerar: digamos que, num teste da substância X, 98% dos voluntários relataram que ela não surtiu nenhum efeito. Somente 2% disseram que ela ajudou. Mas se você estiver naqueles 2%, a substância X foi 100% eficaz – *para você.*

Confesso que às vezes me parece que, no auge de sua criatividade, as empresas farmacêuticas, em vez de inventar pílulas para tratar as doenças, preferem inventar doenças para vender pílulas.

Elas medicalizam a normalidade. Comercializam poções para tratar distúrbios que não eram considerados distúrbios, como a ligeira e benigna preguiça de nossas memórias, que a maioria dos neurocientistas concorda ser uma parte normal de nosso envelhecimento, e brilhantemente nos convencem de que não é normal, de que é um problema que precisa ser tratado, de modo que compramos aquelas poções ao custo considerável de bilhões de dólares ao ano, apesar dos parcos indícios científicos de seus efeitos.

Bem, é assim que me sinto, por um lado. Por outro, se inventassem um estimulante da memória que parecesse realmente promissor, eu compraria?

Amigos, eu seria a primeira da fila.

Agora vamos ao que está comprovado. Chegamos à dieta chamada *restrição calórica*. Ela não o deixará com água na boca, mas poderia ser o primeiro passo para o que todos vêm buscando desde tempos imemoriais: uma forma de retardar o processo de envelhecimento. O que inclui, logo de saída, o envelhecimento da memória.

Tudo começou com os macacos. Se você os tivesse visto nas páginas dos jornais, no final de 2006, não os esqueceria tão cedo: um casal de símios com o olhar mais triste do mundo.

Estavam participando, embora a contragosto, de um estudo do Wisconsin National Primate Research Center, e tinham bons motivos para estar tristes. Ambos tinham 28 anos, o que, para um macaco, é uma idade avançada. Mas apenas um parecia velho: aquele com uma dieta normal, de altas calorias. O outro parecia saudável, vigoroso e jovem, mas igualmente infeliz – se você recebesse a mesma alimentação, também se sentiria assim.

Havia ainda o retrato de um homem. Ele estava sorrindo, embora tampouco parecesse muito bem. Uma legenda dizia que media 1,80m e pesava pouco mais de 60 quilos. O almoço do sujeito consistia em soja fermentada e algumas folhas de verdura. Realmente um prato de comida patético.

Apesar de lívido, o homem disse que se sentia bem: "Faço a dieta principalmente para ter saúde, mas se me ajudar a viver mais tempo, ótimo."

Veio flutuando à minha consciência a antiga piada: eliminando a gordura, a bebida e o sexo, você pode viver até os 120 anos. Se não morrer de tédio antes.

Ele estava falando sobre a restrição calórica (RC), que eu chamo de Dieta do Inferno.

Os cientistas há muito sabem que uma dieta rigorosamente restrita, nutritiva mas com 30% a 40% menos calorias, pode produzir resultados surpreendentes em diferentes animais, incluindo macacos e camundongos. A dieta altera de algum modo os processos moleculares que causam o envelhecimento. Ela retarda tudo. (Pense nas tartarugas, que conseguem sobreviver sem alimentos durante meses seguidos, reduzem seu metabolismo a um rastejo e vivem 200 anos.)

Durante décadas, os cientistas sabiam que esse fenômeno ocorria sem entender *como* ocorria. Mas a grande descoberta que fizeram nos últimos anos é que o processo de envelhecimento pode ser regulado. Ele é controlado por certos genes, e a restrição calórica ativa esses genes.

O que acontece é uma espécie de reação em cadeia: a RC ativa um gene que produz uma enzima boa que protege as células contra uma enzima ruim que contribui para o envelhecimento. Entendeu?

Pode ser um mecanismo de sobrevivência embutido: quando você está ingerindo tão pouco alimento, o corpo se sente sob pressão, como aconteceria num período de fome. Assim ele conserva a energia, reduzindo seu ritmo e ativando os genes da "longevidade". Está fazendo o que os corpos devem ter feito durante aquelas dezenas de milhares de anos em que os nossos ancestrais partiam para caçar e coletar e voltavam de mãos abanando. De modo que sua biologia partiu para a defensiva.

Moral da história: *não fomos feitos para comer muito.*

Podemos comer, repetir e ficar lambendo os beiços, mas nossa biologia ainda está com nossos ancestrais caçadores e coletores. Não fomos projetados para os excessos de um Big Mac com fritas.

Portanto, os macacos submetidos à restrição calórica podem não ser os mais felizes do mundo, mas vivem mais tempo que seus irmãos gorduchos e são mais resistentes aos problemas que vêm com a idade, como diabetes, doenças cardíacas e doenças neurodegenerativas – o que inclui a deficiência cognitiva.

Muitos pesquisadores acreditam que a dieta funcionaria com pessoas também. Ótimo. Já que pode estender a expectativa de vida e proteger contra as conseqüências anormais do envelhecimento, também seria capaz de proteger contra as conseqüências *normais*? Veja bem aonde podemos chegar: as implicações para a perda normal de memória são tremendas.

O problema é: quem agüenta tal dieta? O homem de 1,80m e pouco mais de 60 quilos é um dos milhares de almas indômitas (e esbeltas) nos Estados Unidos que rezam pela cartilha da RC. Existe até uma Sociedade da Restrição Calórica. Mas, para a maioria, essa dieta é simplesmente rigorosa demais.

O que nos leva dos macacos aos camundongos.

Pouco depois da notícia sobre os macacos, vieram relatos de experimentos com camundongos na Harvard Medical School e no National Institute on Aging.

Os pesquisadores dividiram seus camundongos em dois grupos. O Grupo A seguia uma dieta de altas calorias, engordando da forma previsível e desenvolvendo todos os sintomas previsíveis: fragilidade física, diabetes incipiente, doença cardíaca e o equivalente nos camundongos à doença de Alzheimer. O Grupo B foi mantido exatamente sob a mesma dieta e engordou do mesmo jeito – mas não desenvolveu nenhum daqueles sintomas. Ali estavam eles, ingerindo gorduras e carboidratos, mas permanecendo vigorosos e alertas e vivendo mais. Se existe um exemplo perfeito de como viver no melhor dos dois mundos são aqueles camundongos.

A diferença foi que os camundongos do Grupo B receberam também doses cavalares de uma substância química chamada resveratrol. Como você pode ter lido na época, trata-se de uma molécula encontrada no vinho tinto, uma das substâncias que podem vir a ser o Santo Graal do antienvelhecimento. Os pesquisadores discordam sobre como funciona, mas parece imitar os efeitos benéficos da RC. Ou, invertendo a ótica: parece contrabalançar os efeitos negativos de nossa dieta moderna.

O resveratrol talvez explique o velho fenômeno denominado paradoxo francês: tradicionalmente, os franceses têm comido alimentos mais gordurosos – todos aqueles molhos adoráveis mas letais, repletos de creme e manteiga – do que os norte-americanos, mas sofrem menos de doenças cardíacas. Por quê?

Uma teoria atribui o fato ao consumo generoso de vinho tinto. Ela tem sido aceita cegamente há décadas, embora possa não ser verdadeira. Por exemplo, talvez os franceses sofram menos de doenças cardíacas por consumirem menos calorias, apesar daqueles molhos gordurosos tradicionais. (Mas será que *ainda* consomem menos calorias? Existem agora cerca de 1.100 McDonald's na França, e os poucos que vi estavam sempre lotados.) Ou pode ser que os franceses caminhem mais do que os americanos, neutralizando o mal infligido pela boca com o bem praticado com as pernas.

Qualquer que seja a explicação, quem quisesse testar o resveratrol – e havia um monte de gente interessada – poderia prontamente adquirir uma série de suplementos dietéticos de venda livre contendo a substância. Mas eis o problema: aqueles suplementos continham quantidades dignas de um Mickey, enquanto os camundongos do laboratório receberam doses cavalares da substância. Você e eu teríamos de beber *centenas de garrafas* de vinho tinto por dia para obter o mesmo efeito. Saúde!

Mas é possível que a ajuda esteja chegando em forma de comprimidos. Os genes antienvelhecimento podem dar origem a remédios antienvelhecimento, a poção mágica encarnada.

Foi o professor David Sinclair, biólogo molecular, quem conduziu o estudo da Harvard Medical School com camundongos. Junto a outros pesquisadores, ele fundou uma empresa biomédica que começou a desenvolver uma pílula que imite os efeitos da restrição calórica. (Vários eminentes pesquisadores da memória e do envelhecimento fundaram empresas, e a concorrência, como você pode imaginar, é acirrada. A maioria é financiada pelas grandes empresas farmacêuticas. "Se você não fizer isso", um deles me contou, pedindo para permanecer anônimo, "simplesmente não consegue permanecer no jogo.")

Um ano antes da publicação do estudo sobre os camundongos, o Dr. Sinclair dera uma entrevista à televisão sobre o trabalho que ele e sua equipe tinham desenvolvido a respeito do envelhecimento de vermes e drosófilas.

"Os mesmos genes que estamos descobrindo que estendem o tempo de vida nesses organismos são encontrados nas pessoas. Não sabemos ainda se são a chave da longevidade em seres humanos, mas certamente são a chave da longevidade em organismos simples." Então ele disse: "Estamos no ponto em que precisamos testar isso primeiro em camundongos e, se funcionar, queremos realmente passar para os seres humanos, se for seguro, ou experimentar em primatas também. Mas estamos agora examinando os mamíferos e, dentro de um ou dois anos, saberemos se estamos certos."

Foi preciso apenas um ano para saber, ao menos com camundongos, que eles estavam certos.

– Você disse que o objetivo é fazer com que uma pessoa de 80 anos se sinta como alguém de 50. Isso se aplicaria à memória? – perguntei durante nossa conversa. – A RC, ou um comprimido que imitasse a RC, poderia proteger contra a perda normal de memória?

– Existe uma boa chance de que possa preservar a memória ao longo da vida – ele respondeu. – Vemos que os neurônios são protegidos contra a morte quando tratados com resveratrol ou restrição calórica. Muitas moléculas que funcionam em camundongos não funcionam em seres humanos, mas não vemos nenhuma razão teórica para que os efeitos sejam diferentes em seres humanos.

Segundo uma lei não-escrita da comunidade científica, as descobertas dos experimentos de qualquer laboratório precisam ser confirmadas por pelo menos outro laboratório antes de serem aceitas. Na mesma época da publicação do trabalho do Dr. Sinclair, o Dr. Johan Auwerx, do Instituto de Genética e Biologia Molecular e Celular, conduziu outro estudo mostrando que camundongos alimentados com resveratrol tinham um desempenho duas vezes melhor na esteira mecânica. "O resveratrol faz com que você pareça um atleta, sem necessidade de treinamento", o Dr. Auwerx disse.

A equipe de Sinclair está tentando desenvolver moléculas mil vezes mais ativas do que o resveratrol. O próprio Dr. Sinclair vem tomando resveratrol há vários anos, embora não revele em que forma. Ele disse que sua esposa e seus pais também vêm tomando, além de metade dos funcionários de seu laboratório. Um ato de fé, dado que ainda não se conhecem os efeitos colaterais potenciais ou os possíveis efeitos a longo prazo.

Esses efeitos quase não importavam. A publicação dos estudos com camundongos gerou um burburinho ensurdecedor. As vendas de suplementos dietéticos contendo resveratrol se multiplicaram da noite para o dia. O trabalho da equipe de Sinclair foi aclamado por outros pesquisadores. Falou-se até, a meia-voz e às vezes em alto e bom som, em Prêmio Nobel, cintilando como a visão de um doce no ar.

Talvez a promessa se realize. Mas nas ciências, muitos doces acabam desandando. Os armários estão repletos de relatórios de experimentos que funcionaram brilhantemente – em camundongos. Nos seres humanos, não tiveram um resultado tão bom. E também de remédios que *pareciam* funcionar brilhantemente em seres humanos, mas as aparências enganaram.

Pense no ephedra, a poção mágica para perda de peso, até se descobrir que poderia também estar causando ataques cardíacos e derrames. Pense no torcetrapib, um remédio promissor contra doenças cardíacas, até ser associado a mortes e problemas coronarianos. Pense na onda de terapia de substituição hormonal em que as mulheres surfaram durante anos. Finalmente, em 2002, um grande estudo associando essa terapia ao aumento do risco de câncer do seio fez com que bandos de mulheres parassem de tomar os hormônios. No ano seguinte, as taxas de câncer do seio caíram drasticamente pela primeira vez em seis anos.

Chega de doces.

Assim, se a promessa do resveratrol também não der em nada, o que saberemos ao certo sobre dieta e memória?

Em outras palavras: o que um professor de nutrição de Harvard põe goela abaixo para a saúde de seu cérebro? Algum suplemento?

– Um multivitamínico – diz o Dr. Stampfer – mais, durante os meses de inverno, um suplemento separado de vitamina D.

E no que diz respeito à alimentação: o que ele come no jantar?

– Montões de frutas e legumes. Raramente carne vermelha. Peixe várias vezes por semana.

No café da manhã?

– Restos do jantar.

É claro. E no almoço?

– Creme de amendoim com pão integral. Frutas. Chocolate.

– Chocolate! Ah, sim – eu digo –, vi-o listado nos sites como um alimento para o cérebro.

– Espero que seja verdade – ele diz.

A dieta do Dr. Stampfer não mereceu nenhuma manchete, não está envolta em glamour, não foi objeto de badalação. Mas na ausência prolongada de uma poção mágica, trata-se (excetuando a Dieta do Inferno) da única coisa verdadeira.

E adoro a parte do chocolate.

CAPÍTULO QUATORZE

Está tudo no computador, não está?

"Por que a analogia do computador persiste? Porque ainda não há outra."

– Dr. Terrence Deacon, professor de antropologia biológica da Universidade da Califórnia, Berkeley

"O DISCO ESTÁ CHEIO", dizemos. Ou: "Não há mais espaço no meu disco rígido." Ou: "Estou precisando de um upgrade."

Computador/cérebro: essa se tornou uma das analogias emblemáticas de nossa época. Mas será que, para nós, os esquecidos, é uma boa analogia?

Uma amiga conta:

– O que me deixa maluca é que está lá dentro, eu *sei* que está em algum lugar lá dentro, como no meu computador... mas não consigo encontrar.

Eu pergunto:

– Como você pode ter certeza de que está lá dentro?

– Bem, não posso ter certeza absoluta, realmente. Mas suspeito que *deve* estar ali, porque *estava* ali.

Se a memória humana é como a do computador, tudo o que colocamos lá dentro deveria ainda estar ali. Tudinho, como na mente do pobre coitado do Funes, o personagem de Borges cuja maldição era nunca esquecer nada. Pois bem, tudo deveria estar armazenado ali, em algum lugar, esperando ser recuperado, a não ser que deliberadamente (ou inadvertidamente, como já fiz várias desastrosas vezes no meu computador) tenhamos apertado a tecla Delete. Se não conseguimos nos lembrar de uma informação em particular, não é porque não esteja ali. Simplesmente não apertamos a tecla certa – não encontramos a pista de recuperação certa.

Desse ponto de vista, o cérebro humano é um disco rígido com suas próprias regras de operação e seus próprios softwares. A diferença essencial é simplesmente (se você consegue imaginar isso como *simplesmente*) o uso de células cerebrais em vez de chips e circuitos. Em teoria, deveria ser possível construir um computador capaz de lembrar exatamente como o cérebro. Quando – não *se*, mas *quando* – conseguirmos entender plenamente o funcionamento da memória humana, essa teoria se tornará realidade.

Alguns psicólogos e cientistas cognitivos adotam esse ponto de vista, bem como alguns filósofos. Além, é claro, dos cientistas da computação. Mas muitos neurocientistas preferem não seguir esse caminho.

Todos concordam que comparar o computador com o cérebro humano faz sentido em certos aspectos básicos: ambos são sistemas de input e output. Recebem informações, depois as manipulam, armazenam e põem para fora. Ambos possuem memórias incríveis. Os cientistas conseguem fazer muitas dessas equivalências tecnologia/neurologia. Mas para nós, que vivemos perseguindo itens perdidos pelos labirintos de nossos cérebros, a grande questão persiste: tudo o que entrou continua lá dentro, como no computador, ou não?

A resposta definitiva: ninguém sabe ao certo.

Assim como no caso dos suplementos dietéticos, a questão continua em aberto. É possível que permaneça para sempre.

Ninguém conseguiu provar nem que sim nem que não, e possivelmente ninguém jamais conseguirá. Dado esse problema, como proceder diante dessa questão?

Obviamente, se você não prestou atenção suficiente em algo para transferi-lo da memória de curto prazo para a de longo prazo, ele não está ali. Nunca esteve. Uma visão predominante entre os neurocientistas é que, se algo entrou no depósito profundo, alguma versão ainda pode estar armazenada, mas não na forma original.

Pense novamente em como se forma uma lembrança individual: trata-se de um bombardeio de sinais químicos e elétricos que se deslocam pelas redes neurais numa série inumerável de reações em cadeia. Cada lembrança individual, cada recuperação de uma lembrança antiga, cria seu próprio padrão de sinais, de modo que, cada vez que você a extrai e volta a armazenar, o padrão muda.

Mesmo as nossas lembranças mais fortes foram modificadas assim ao longo dos anos. Quanto mais tempo você vive, quanto mais vezes saca aquela lembrança, maior poderá ser a modificação. E é totalmente possível que, se uma lembrança permanece ociosa por muito tempo, sem nunca ser recuperada, aquele padrão específico de sinais simplesmente se desvaneça. O velho "use-o ou perca-o".

O professor de antropologia biológica da Universidade da Califórnia Terrence Deacon, conhecido por seu trabalho sobre a evolução da linguagem e co-autor do livro *The Symbolic Species: the Co-Evolution of Language and the Brain* (A espécie simbólica: a co-evolução da linguagem e do cérebro), não aprecia a analogia do computador.

"Tendemos a pensar na biologia como pensamos em máquinas", ele diz. "Fazemos essas associações para facilitar a comunicação. Mas essas metáforas são completamente enganadoras. A forma como lembramos as coisas é totalmente diferente de gravar num disco ou armazenar algo num chip de memória. Nesses sistemas, todos os detalhes *estão ali*. Permanecem do jeito que entraram. Conosco, dá-se exatamente o contrário. Imagino a memória como uma espécie de palimpsesto, em que se escreve sobre algo repetidas vezes. (Palimpsesto: antigo material de escrita, principalmente o pergaminho, usado, em razão de sua escassez ou alto preço, duas ou três vezes, mediante raspagem do texto anterior.) Assim, tudo o que estava lá continua lá? Pode ser, mas não da maneira como imaginaríamos. Porque, sempre que lembramos algo, estamos basicamente colocando em cima de outras lembranças."

Não se entende bem como conseguimos retroceder pelas camadas daquele palimpsesto para encontrar o que está embaixo. Mantendo a analogia da escrita, a tinta é melhor quando somos jovens. "À medida que escrevemos por cima várias vezes, a tinta fica mais fraca. A verdadeira surpresa – acho que é um milagre – é que sejamos capazes de retroceder. Digamos que alguém lembra algo que nós dois vimos um ano atrás, e eu digo que simplesmente não me lembro daquilo. Mas, se houver duas ou três outras pessoas que estiveram conosco na época e todos começarem a acrescentar suas partes da lembrança, eu acabarei recuperando-a."

Sua metáfora do palimpsesto me trouxe à mente o pentimento, outra boa metáfora para a memória. Literalmente, *pentimento* significa o processo pelo qual, sob a camada superior de tinta, começam a aparecer imagens pintadas anteriormente. Simbolicamente, serviu de título das memórias da escritora Lillian Hellman, descrevendo acontecimentos de seu passado que emergiam à superfície da consciência através das camadas do tempo.

Alguns críticos acusaram Hellman de distorcer esses eventos, ou seja, tacharam suas memórias de *extremamente* criativas (Mary McCarthy criou um alvoroço ao dizer: "Cada palavra que ela escreve é mentira.") Mas as memórias de Hellman são uma ótima leitura.

– O cérebro funciona com uma lógica bem diferente do computador. Acho que a idéia do palimpsesto ajuda as pessoas a entenderem isso – disse o Dr. Deacon. – No computador, o lugar onde algo está armazenado é o ponto crítico: sei que aquele chip traz um milhão de pequenos bits armazenados na memória, cada um com um endereço diferente e único. E, sempre que preciso recuperar um bit, retorno exatamente ao mesmo endereço.

– Nós não temos nenhuma semelhança com isso? – eu quis saber.

– *Nenhuma* semelhança. As nossas lembranças não estão armazenadas numa caixa separada do cérebro. Uma lembrança humana está armazenada em fragmentos. Há a parte visual, a parte auditiva, as partes tátil, motora e emocional. Existem todos esses componentes, e não estão armazenados no mesmo local. O que isso significa é que, para retornar àquela lembrança, diferentes bits dela precisam ser sugeridos a você, diferentes pistas de todos aqueles fragmentos. Mas temos algo extra: a linguagem. Podemos criar uma história, uma narrativa, para retroceder àquela lembrança. Por exemplo, posso lhe perguntar o que você tomou no café da manhã ontem. Pode ser difícil lembrar, mas, ao retroceder na história...

– Como eu poderia fazer isso?

– Bem, no meu caso, poderia ser: o que foi que eu fiz ontem? Vejamos. Minha esposa estava aqui ou já havia saído? Tivemos tempo de preparar o café? Não, não tivemos. Ela havia partido, consigo vê-la saindo. Tudo bem, então que tipo de café da manhã eu tomaria? Geralmente tomo café, suco e torrada. Mas aquilo não me atraiu. *Agora* eu lembro: comi cereal. Consigo até lembrar que tipo de cereal foi, qual o seu cheiro e como o misturei. Mas, 30 segundos antes, não conseguiria lembrar nada disso.

Os teóricos também têm recorrido à analogia de um rio cavando um canal. Uma bela analogia, fácil de captar: quanto mais a água flui pelo canal, mais fundo ele se tornará. Se alcançar uma boa profundidade, a água nunca transbordará. Assim se forma a memória de procedimentos: o tipo de memória implícita, inconsciente, envolvida em andar, falar, amarrar o laço do sapato.

Mas a lembrança do café da manhã do Dr. Deacon não envolve nenhum canal profundo. Ela pertence à memória episódica – pessoal, explícita, consciente, o tipo que começa a perder velocidade com a idade. Dezenas de milhares de cafés da manhã ao longo de nossas vidas constituem, cada um, uma memória episódica separada, armazenada numa parte diferente do cérebro. Como conseguimos retroceder a eles?

Em vez de um só canal profundo, o Dr. Deacon sugere que imaginemos riachos. Um grande número de riachos rasos. Diferentes fragmentos da lembrança daquele café da manhã específico estão armazenados em riachos diferentes.

– Esse é motor, esse é sensorial, esse outro estava associado a um som ou forma específica, e, se você consegue fazer fluir um número suficiente, eles ressoam entre si. Assim, se alguns deles são postos em movimento, aumenta a probabilidade de que outros gravados na mesma época, na mesma situação, também sejam... e você lembrará.

O que nos dá uma idéia do que está acontecendo biologicamente quando lembramos por associação: todos aqueles fragmentos animando uns aos outros para alcançar um objetivo chamado "O que tomei ontem no café da manhã".

Esse tipo de associação é o que os nossos cérebros fazem maravilhosamente bem, e os computadores nem tanto assim. É o que os futuristas garantem que os computadores do futuro farão extremamente bem – *ao menos* tão bem quanto nossos cérebros.

MAS EM NOSSA ÉPOCA, numa competição entre a memória do computador e a memória humana, quem sairia ganhando?

Depende, realmente, das condições da competição. Velocidade? Precisão? Abordagem criativa?

Os especialistas concordam que estas são as diferenças principais entre as duas:

1. Métodos de codificar informações
2. Velocidade
3. Precisão

Cada um desses fatores tem suas forças e fraquezas.

A primeira diferença, e a mais importante, é a forma como computadores e seres humanos captam informações.

O computador, sendo digital, trabalha passo a passo, enquanto o cérebro, com estrutura mais analógica, trabalha num *continuum*.

Se você não entendeu o que isso significa, não poderei explicar, simplesmente porque também não entendo. Não *realmente*, tecnologicamente.

Sei que o vocabulário digital são apenas zeros e uns, nada mais, e a partir deles constroem-se universos de informações. Isso me parecia estranho até que me ocorreu que o código Morse também consegue dizer qualquer coisa usando somente pontos e traços. Não que o código Morse seja digital, mas ajuda a captar a *natureza* da coisa. Se não a tecnologia.

Quanto ao analógico, o que me ajudou foi a comparação do professor de matemática Harold Edwards da Universidade de Nova York: "Pense no analógico em termos do botão de volume do rádio, que você pode aumentar ou diminuir num *continuum*."

Felizmente, nem sempre é preciso entender como as coisas funcionam para usá-las. Um exemplo: quantos de nós *realmente* entendemos como a eletricidade funciona, ou a gravidade, ou a aspirina, ou (por sinal) o botão de volume do rádio? O que não nos impede de fazer bom uso deles.

Agora, vamos à velocidade: "Uma máquina de dois gigaherz" (e não me pergunte o que isso significa) "está realizando centenas de milhões de operações por segundo", o neurologista Barry Gordon, do Johns Hopkins Hospital, me informa. "Ela é *loucamente* veloz. Está fazendo um número incrível de coisas – embora sejam coisas simples, como mover um bit de um local para outro –, mas uma de cada vez. Já os 100 bilhões ou mais de neurônios na minha cabeça funcionam bem mais lentamente, apenas na ordem de 10 vezes por segundo. Mas o maquinário do cérebro está realizando centenas de coisas ao mesmo tempo. Quando você anda e conversa, por exemplo, está fazendo duas coisas separadas envolvendo sistemas bem diferentes, mas simultaneamente. Enquanto você está escrevendo, seu sistema visual também presta atenção ao que está acontecendo na periferia da visão. Se um inseto entrasse pela janela, você reagiria."

Com certeza!

"Estas são as duas diferenças principais: as velocidades operacionais relativas do computador e do cérebro, e a operação serial do computador em contraste com a operação paralela do cérebro – embora já existam computadores que realizam algumas operações paralelas. Ou seja, essa diferença está diminuindo."

E a precisão?

Nesse ponto o computador tem duas grandes vantagens: o fato de localizar por endereço e sua exatidão.

"Se eu fosse um computador e quisesse localizar você, teria que saber seu endereço exato e seria lá que você estaria. Sem saber o endereço, não conseguiria achar você. É assim que a memória do computador funciona: é um ou zero, ali ou não-ali, sim ou não. Desse modo a informação pode ser transmitida sem erro. Se eu estivesse fazendo isso de forma associativa, não precisaria saber exatamente onde você mora. Da rua eu gritaria: 'Martha', e todas as Marthas olhariam para mim. O som chegaria a você. Mas algumas Márcias poderiam pensar: 'Será que alguém me chamou?', e poderiam responder também. De modo que haveria essa ambigüidade. É assim que a nossa memória funciona: não por local, mas por características semelhantes."

Lembre-se de que Sherlock Holmes, o gênio da memória associativa – que fazia questão de não saber nada sobre o sistema solar para não sobrecarregar seu cérebro –, comparou a memória humana ao sótão que precisa ser mantido em ordem. Podemos organizar nossos arquivos de computador eficientemente (não que eu o faça, mas *podemos*). Se eles ficarem lotados ou perderem a importância, podemos limpá-los. Nós os deletamos.

E os cérebros? Quanto mais vivemos, quanto mais numerosas, apinhadas e sobrepostas se tornam as nossas lembranças, mais elas tendem a interferir entre si. Como podemos limpar nosso cérebro?

Não podemos, diz o Dr. Gordon. Na verdade, não apagamos nada. O que fazemos é gravar por cima. "Mas você *pode* manter coisas desnecessárias naquele sótão, se as organizar direito. Chamamos isso de paradoxo dos especialistas: os especialistas sabem muita coisa, e as lembranças interferem entre si, de modo que todos aqueles conhecimentos deveriam causar muito mais confusão e interferência nos seus cérebros. Mas isso não acontece, porque eles organizam essa informação. Tudo tem seu compartimento certo."

Quer dizer que a memória não consegue deletar (o que acho terrível), mas consegue arrumar a bagunça. Ela consegue salvar?

– Provavelmente o sistema hipocampal faz isso – o Dr. Gordon disse.

Consegue gravar arquivos de backup?

– Não no sentido empregado em informática, mas possuímos backups automáticos em termos de codificações de nossas lembranças e dos diversos locais de armazenagem.

Sua capacidade, como a do computador, pode receber um upgrade?

Na ocasião estávamos conversando pelo telefone, mas ele devia estar sorrindo.

– A capacidade de nossa memória – ele respondeu – vem recebendo upgrades há 6 milhões de anos.

PORTANTO, O COMPUTADOR se lembra de tudo ou não se lembra de nada. Não há meio-termo – enquanto o cérebro está repleto de meios-termos. Funciona assim: a informação que você coloca no computador é uma abstração de sua experiência, e, ao recuperá-la, ela estará inalterada. O que você *lembra* é uma abstração dessa experiência, depois uma reconstrução da abstração, depois uma reconstrução da reconstrução e assim por diante – a cada recuperação. E quanto mais o tempo passa, mais verdadeiro isso se torna.

No antigo e ótimo musical *Gigi,* havia um dueto chamado "I Remember It Well" (Lembro-me bem daquilo) em que um casal recordava um breve flerte de sua juventude. Em tom nostálgico, o homem lembrava a volta de carruagem para casa. Não, não, ela corrigia. "Fomos andando."

Ele lembrava que ela havia perdido uma luva. Não, ela diz, foi um pente.

Ele lembrava o céu brilhante; ela, a chuva.

O que ilustra o que o Dr. Daniel L. Schacter, de Harvard, quer dizer quando compara a memória *reprodutiva* do computador com a memória *construtiva* de nossos cérebros. As lembranças do homem eram a memória construtiva, repetidamente reconstruída ao longo dos anos. E possivelmente as da mulher também – talvez estivesse nevando e ela tenha perdido um xale –, embora a canção dê a entender que sua versão é a correta *porque as mulheres lembram essas coisas.*

Mas se tudo tivesse sido salvo num computador e recuperado 10, 20 ou 100 anos depois, o relatório do tempo e as anotações dos achados e perdidos ainda estariam ali, reproduzidos exatamente como entraram. Trata-se da memória reprodutiva.

A memória do cérebro tem emoção. O computador é frio. Suponhamos que você se lembre de algum acontecimento pessoal marcante – trágico, aterrorizante, maravilhoso, seja qual for. Sempre que você resgata aquela recordação, seus detalhes são sutilmente alterados por sua lembrança da dor ou do terror ou do encanto, bem como pelos efeitos enfraquecedores do tempo.

Se você tivesse cadastrado a experiência no seu computador imediatamente depois que aconteceu e recuperado anos mais tarde, sua lembrança poderia ter mudado tanto que você olharia para a tela com espanto, pensando: "Mas não é assim que me lembro de tudo aquilo!", como às vezes acontece quando vemos fotos nossas de infância e dizemos: "Realmente sou eu? Não tenho nenhuma sensação de ter sido essa criança!"

Eis a grande pergunta: o computador frio lembra com precisão, mas ele *sabe* que lembra?

Após a Segunda Guerra Mundial, o matemático britânico Alan Mathison Turing trabalhou no projeto do que denominou máquinas de computação automáticas. Ele desenvolveu um exercício ardiloso que passou a ser conhecido como teste de Turing. O teste teria sido inspirado pelo então popular jogo de salão chamado Jogo da Imitação, a saber:

Dois participantes, um homem e uma mulher, estão em quartos separados, sem serem vistos pelos demais. Os outros convidados fazem perguntas, e o homem e a mulher batem as respostas à máquina. O objetivo do homem é convencer os participantes de que ele é a mulher, e o da mulher, de que ela é o homem. E os convidados precisam descobrir quem é quem. (Como a lógica dos dois lados dependeria fortemente de visões estereotipadas sobre os dois sexos, esse jogo não seria bem visto hoje.)

Turing propôs uma mudança no jogo: em vez de um homem e uma mulher, os participantes são um ser humano e um computador. Existe um observador humano que não vê os participantes, não sabe qual é qual e passa a fazer perguntas. Se o observador for fundo nas perguntas e, mesmo assim, não descobrir qual é qual, o computador vence.

Se um computador conseguisse vencer o teste, a inferência inevitável seria que máquinas conseguem pensar.

Muitos especialistas acreditam que é aí que a analogia cérebro-computador desmorona. O pensamento, afinal, pressupõe um "eu". Sempre que lembramos seja lá o que for, existe um "eu". Esse "eu" tem a *sensação* de lembrar – e também a sensação de posse. Você sabe que *sua* memória não é de outra pessoa. Você tem a percepção consciente de que pertence a *você*.

E ainda mais interessante é você, aos 60 anos, saber que sua *lembrança* de uma *lembrança* de algo que aconteceu *meio século atrás* pertence, sem nenhuma dúvida, a você.

Sob esse prisma, não há dúvida a respeito de quem vence um concurso computador-cérebro. Não há concurso. Os computadores não possuem um "eu". (Ao que os futuristas respondem: Por enquanto.)

É ótimo ter um "eu". Estou muito feliz por ter um. Mas o preço que pagamos é a imprecisão de nossas lembranças. Eu não conseguia imaginar, até fazer a pergunta ao Dr. Schacter, qual poderia ser a vantagem prática de uma memória imprecisa.

Conversamos em seu escritório: "Um sistema que funciona assim é mais vantajoso para o planejamento do futuro", ele diz. "A flexibilidade na lembrança do passado pode ajudar a prever o que acontecerá no futuro. Porque o futuro, é claro, nunca será uma repetição exata do passado."

Ele faz esta distinção: o computador é um repositório de conhecimentos, enquanto o cérebro é um lembrador de experiências. O computador não precisa planejar situações no futuro que poderiam ser diferentes de situações do passado. O cérebro precisa. Portanto, o cérebro precisa lidar com problemas totalmente diferentes daqueles do computador normal.

"Se tivéssemos computadores que funcionassem como cérebros e nos devolvessem a *idéia central*, em vez do arquivo exato que colocamos lá dentro, estaríamos perdidos. Não queremos do computador a idéia central, queremos a coisa exata. Seu papel não é deduzir o que *poderia* ter ocorrido baseado em informações fragmentárias. Ele é literal. E isso é ótimo para o computador, mas o nosso sistema não é assim, nem gostaríamos que fosse.

O Dr. Schacter fala da memória como uma forma de "viagem pelo tempo mental". A expressão capta perfeitamente uma das maravilhas associativas de nossas memórias. Tenho um exemplo de algumas noites atrás.

Eu estava num restaurante de Nova York e comi rosbife, o que me trouxe imediatamente à lembrança um restaurante em Londres onde eu comera um magnífico rosbife seis anos atrás, o que me lembrou uma amiga que agora mora em Londres, que eu costumava ver com freqüência numa praia em Cape Cod nos anos 1970, e dali fui transportada instantaneamente a encantadores fins de semana de verão em várias praias com meus pais e meu irmão, bem antes, na década de 1940.

Assim, em segundos, eu havia percorrido seis décadas e uma faixa ampla de território – geograficamente, gustativamente (neste departamento, minha memória é ótima), emocionalmente, de todas as maneiras.

Não existe computador capaz de fazer isso. Ninguém pode garantir que *nunca* existirá. Mas, atualmente, *não existe*.

Chegamos agora à derradeira maravilha da memória humana: a criatividade.

Nossa capacidade de criar, de imaginar, de fantasiar, flui diretamente de nossa capacidade de associar – o que não diminui com a idade.

O cérebro faz tudo isso automaticamente. O computador precisa procurar as coisas. É verdade que ele o faz com uma rapidez espantosa. Mas, com toda a sua rapidez, ele não voa.

– O que falta a um computador e que as pessoas têm? – um repórter do *The New York Times* perguntou ao cientista cognitivo da Universidade de Indiana Douglas Hofstadter.

– Ele não tem conceitos – o cientista respondeu.

O repórter então disse:

– Conheço algumas pessoas que não têm conceitos.

Ao que Hofstadter respondeu:

– Elas têm conceitos, sim. Estão cheias até a borda de conceitos. Você não precisa saber o que é um conceito para ter um.

O cérebro humano tem necessidade de brincar com as experiências passadas, separando-as e voltando a juntá-las de mil formas diferentes, criando mil tramas distintas a partir de fragmentos de memória. O cérebro humano tem necessidade de vasculhar seus próprios arquivos imperfeitos, experimentando um sem-número de combinações de fragmentos, chegando enfim a alguma combinação que gratifique plenamente os sentidos, acrescentando uma pitada disso e uma gota daquilo, qual um bom chefe de cozinha improvisando uma sopa e obtendo, no final, um poema em vez de uma sopa.

É claro que a produção de um *bom* poema é rara. Mas a glória da memória humana é sua capacidade de criar poemas – e o fato de que qualquer pessoa, em qualquer idade, pode fazer uma tentativa.

Portanto, se o que você quer é precisão 100% confiável, rápida, brilhante, recorra à memória do computador.

Se você quer imaginação, criatividade, combinações casuais, anticonvencionais e incomuns de tangerinas com maçãs, possivelmente para criar uma maravilha de bombom nunca antes vista... procure na memória do cérebro. Bem, ao menos, é isso que você deve procurar atualmente. Amanhã a história poderá ser outra.

CAPÍTULO QUINZE

Memórias vívidas

Onde você estava quando...?

"Onze de setembro?", disse Giorgio Marchetti, um homem de negócios que mora na Itália. "Eu me lembro exatamente desse dia, exatamente. Sou piloto amador, e nesse dia voltei de avião de Lugano, Suíça, para minha casa em Milão. Aterrissei o avião, entrei no prédio e não vi ninguém. Nenhum policial, nenhum inspetor de passaportes, nenhuma outra pessoa, ninguém! Fiquei surpreso, porque no meu país, quando voltamos do estrangeiro, precisamos apresentar o passaporte, mesmo sendo italianos. Pensei: o que aconteceu aqui? Não estava entendendo nada. Aí vi uma multidão num lugar, com policiais e todo mundo, todos de pé olhando para a tela da televisão. Fui até lá e perguntei a alguém: 'O que está acontecendo?' Foi aí que eu vi. Todos estavam em silêncio, um terrível silêncio, como em choque. Até o final de minha vida, sempre ouvirei aquele silêncio. É uma grande surpresa para mim a clareza daquele silêncio e daquelas imagens até hoje na minha mente."

Memórias vívidas, os psicólogos as denominam: as lembranças de onde estávamos e do que estávamos fazendo no instante em que soubemos de um evento impressionante.

Onde você estava quando recebeu a notícia do atentado de 11/9? Ou quando soube que uma princesa passou para a eternidade num acidente de carro num túnel de Paris? Onde você estava? As cenas parecem quadros na imaginação.

E a precisão desses quadros! As pessoas lembram não apenas onde estavam e como souberam daqueles acontecimentos, mas também com quem estavam, o que estavam fazendo, dizendo, pensando, comendo... Pergunte e elas dirão: "Ah, eu lembro *exatamente*." Esse é o refrão de todos, mesmo dos octogenários.

Estamos agora num território onde os problemas da memória rotineira são *inexistentes*. Como esquecer, eis a questão.

A memória vívida resiste às incursões da idade, e a razão encerra uma lição crucial para todos nós.

O tipo de lembrança a que a memória vívida mais se assemelha é a de experiências profundamente pessoais, como traumas de infância, também resistentes à idade. Ambas possuem uma qualidade fotográfica poderosa: nós as *vemos*. E elas são tenazes, aderem à memória. As pessoas dizem que as memórias vívidas estão entre as mais nítidas de suas vidas – como as lembranças dos acontecimentos pessoais mais importantes.

Mas as memórias vívidas têm uma peculiaridade: não se trata de acontecimentos pessoais. São totalmente públicos. Contudo, parecemos codificá-los como experiências pessoais.

O psicólogo Ulric Neisser disse: "A memória vívida recorda uma ocasião em que duas narrativas que normalmente mantemos separadas – o curso da história e o curso de nossa própria vida – foram momentaneamente alinhadas."

Duas narrativas. Dois sistemas de memória. Você deve se lembrar (espero) dos diferentes tipos de memória já abordados. A memória semântica são fatos. (Fato: John F. Kennedy foi morto em Dallas.) A memória episódica é a experiência pessoal. (Experiência pessoal: "Eu estava saindo pelo portão da escola quando ouvi alguém berrar algo sobre o presidente Kennedy.")

É aqui que os dois tipos de memória parecem se fundir, assim como as identidades pessoal e coletiva. Fazemos parte da experiência pública, e a experiência pública faz parte de nós – tente separar as duas.

Faça um teste: se você tem idade suficiente para se lembrar da cena, procure recordar aquela imagem icônica – o filho John-John batendo continência ante o caixão do pai, sua mãe atrás dele, o rosto coberto pelo véu e os olhos vidrados – sem evocar suas próprias emoções.

Por que as memórias vívidas persistem de uma forma viva e pictórica?

Em parte, simples e obviamente pela sua força emocional. Assim como acontece naquelas experiências pessoais mais intensas, a amígdala, o mediador cerebral das emoções, está funcionando a pleno vapor, gravando profundamente a lembrança.

Mas também – e, para nós, este é o ponto-chave – lembramos os acontecimentos vívidos tão bem porque os repetimos. Incessantemente.

É como todos os especialistas em memória vivem nos dizendo: o que faz com que uma lembrança persista é repeti-la, formar associações com ela, detalhá-la, envolver todos os sentidos. E em acontecimentos como esse, envolvemos nossos sentidos num grau elevadíssimo. Não conseguimos deixar de pensar neles, sonhar com eles, dizer aos outros, incalculáveis vezes, exatamente onde estávamos e o que estávamos fazendo quando ouvimos a notícia... E a cobertura incessante da imprensa, as inevitáveis imagens na TV se repetem incessantemente durante semanas, meses, e a cada aniversário do evento. Não falta tempo de repetição! Quer o evento seja chocante ou trivial, o processo é o mesmo. É gravado na memória por elaboração.

Se o evento é chocante, a lembrança é codificada automaticamente. Se é trivial, temos que fazer algum esforço. Lembrar aquelas banalidades que nos deixam loucos – o *Como é mesmo o nome?*, *Quem foi que me contou isso?*, *Quando foi que estive lá?*, *O que eu estava dizendo?* e o *Por que vim até este aposento?*, sem falar, é claro, do popular *Onde deixei meus óculos*? – requer elaboração. Repetição, repetição e – correndo o risco de me repetir – repetição.

ACREDITAVA-SE QUE a memória vívida era algo singular. O termo inglês *flashbulb memory* (literalmente, memória de *flash*) foi introduzido na década de 1970 por dois psicólogos, Roger Brown e James Kulick, que acreditavam que um momento vívido desencadeia algum processo neurológico especial que brilha como o *flash* de uma câmera para preservar a imagem no cérebro. Daí sua qualidade excepcionalmente pictórica. *Gravação Imediata*, eles o denominaram.

Eles entrevistaram dezenas de pessoas sobre suas lembranças dos assassinatos dos irmãos Kennedy e de Martin Luther King. Metade dos entrevistados eram negros e metade, brancos. Todos, exceto um, tinham memórias vívidas do atentado contra JFK. (Lembre: não estamos falando da lembrança geral do evento, mas da lembrança do momento específico em que se *tomou conhecimento* do evento.) Cerca de metade possuía memórias vívidas do atentado contra Robert Kennedy. E do atentado contra Martin Luther King? Três quartos dos negros lembravam – e um terço dos brancos.

Os psicólogos concluíram que, quanto mais relevante foi o evento público *para o indivíduo*, maiores as chances de que o mecanismo da Gravação Imediata entre em ação.

A maioria dos pesquisadores não acredita mais na Gravação Imediata. Eles afirmam que o que acontece no nível neurológico é provavelmente o mesmo que ocorre com as lembranças pessoais fortes: a memória vívida é fixada pela importância emocional e pela repetição.

O que explica por que essas lembranças são tão pouco afetadas pela idade. Quando perguntei às pessoas onde estavam e o que estavam fazendo quando souberam do ataque ao World Trade Center, as de 80 anos responderam com a mesma riqueza de detalhes que as de 40 anos.

Eis outro aspecto curioso da memória vívida: ela inspira nossa convicção inabalável de que nossa lembrança é exata.

Tendemos a preservar nossas memórias vívidas sob uma redoma de vidro. Insistimos que lembramos perfeitamente, *exatamente*. Conteste minha lembrança daquele livro que li na semana passada, e eu direi (talvez, se estiver de bom humor): "Você sabe, minha memória é uma droga." Conteste minha lembrança de como recebi a notícia de que JFK foi assassinado, e responderei que você não estava junto comigo, portanto vá se danar.

Mas o *exatamente* não é tão exato assim. A memória vívida não é perfeita; é simplesmente bem melhor do que a maioria das lembranças. O que tem fascinado os pesquisadores é por que temos tanta fé em sua perfeição.

Em parte é em função do enorme investimento emocional em tais lembranças. Protegemos nossos investimentos. Mas os pesquisadores descobriram que algo mais entra em ação: a lembrança daquele momento crucial pode ser deformada pelo que aconteceu imediatamente *após* o momento.

Por exemplo, entrevistei uma mulher que insistiu que estava em casa sozinha, deitada na cama com dor de cabeça, quando soube do atentado pelo rádio. Mas seu marido insistiu que eles a ouviram juntos na cozinha, que ela foi ficando cada vez mais indignada com as notícias subseqüentes, até por fim ir para a cama. Ele partiu para o escritório e a encontrou ainda deitada ao voltar para casa.

Provavelmente – não *certamente*, mas provavelmente – ela fundiu o momento com o que aconteceu depois. Ao rememorar o evento ao longo do tempo, o que passou a dominar sua memória foram aquelas horas passadas sozinha, em grande agitação.

Tendemos mais a cometer esses erros (se, de fato, tratou-se de um erro; talvez o *marido* estivesse lembrando errado!) à medida que ficamos mais velhos, simplesmente porque tivemos mais tempo de repetição. Recuperamos aquela memória vívida e a pusemos de volta no depósito, e a recuperamos de novo para outra vez armazená-la, camada sobre camada sobre camada de memória, e a cada novo armazenamento ocorre uma alteração sutil – não por causa da perda de memória, mas porque é assim que a memória parece funcionar. (O tempo de repetição prolongado tem seu lado negativo. Mas o que é que não tem?)

Portanto, se outras pessoas estavam com você por ocasião do evento vívido e agora dizem de sua lembrança "Não, não foi bem assim", não fique furioso com elas. Elas podem ter razão. Por outro lado, *você* pode ter razão, e nesse caso se justifica ficar furioso. Eu ficaria.

CAPÍTULO DEZESSEIS

O quadro geral

POR QUE ISSO ACONTECEU (COMIGO), SR. DARWIN?

A NATUREZA É UMA BOA MÃE se você está nos seus anos reprodutivos, e uma madrasta má – não perversa, apenas indiferente – para o restante de nós.

Eu estava discutindo isso com o Dr. William Jagust, o neurocientista da Universidade da Califórnia, Berkeley, e seu gato Teddy.

– Você já topou com o termo *pleiotropia antagônica*? – perguntou o Dr. Jagust em tom amistoso, como alguém curioso em saber se você já experimentou aquele restaurante badalado que acabou de abrir.

Garanti que não. Nem ele nem Teddy pareceram surpresos.

– É um conceito muito simples, apesar do nome. É a idéia de que um gene que é bom para você em certo estágio da vida pode ter conseqüências negativas mais tarde; mas essas conseqüências são irrelevantes. O melhor exemplo é a testosterona. A testosterona é ótima se você é homem. Torna você forte, faz com que corra velozmente, é melhor para a reprodução. Mas se você a conservar por um longo tempo, poderá sofrer de câncer na próstata. Não importa à evolução se você contrai câncer na próstata aos 50 ou 60 anos, contanto que você tenha sido forte e saudável quando tinha 20 anos. Isso é pleiotropia antagônica. Muita coisa que acontece ao envelhecermos é provavelmente uma manifestação de funções que foram importantes na juventude, mas são irrelevantes na velhice.

Do ponto de vista da evolução, certos mistérios da memória assumem dimensões novas.

Mistério: por que alguns tipos de memória continuam fortes, enquanto outros enfraquecem?

Sabemos as respostas biológicas – os lobos frontais encolhem, o número e a força das conexões entre os neurônios diminuem e assim por diante –, mas qual o motivo do ponto de vista da evolução? Existe uma vantagem para a sobrevivência? Sr. Darwin, qual a explicação?

Mistério: nomes. Por que os esquecemos? Já examinamos os motivos óbvios: porque os nomes são palavras sem significado e coisa e tal. Mas, em termos evolutivos, *por quê*?

O Dr. Ian Tattersall é curador da Divisão de Antropologia do American Museum of Natural History, em Manhattan, e autor de muitos livros sobre a evolução humana, inclusive *The Fossil Trail: How We Know What We Think We Know About Human Evolution* (O rastro dos fósseis: como sabemos o que achamos que sabemos sobre a evolução humana – adoro esse "achamos que sabemos".)

Pedi que examinasse a perda normal de memória sob o prisma darwiniano, e ele educadamente declinou. "Um monte de coisas acontece aleatoriamente, por razões passivas", ele disse. "Mas somos uma espécie contadora de histórias. Adoramos que nos contem histórias, e muitas pessoas ficam contentes em satisfazer nosso desejo." E acrescentou: "As pessoas canonizaram Darwin e o congelaram, e ele teria odiado isso. Toda ciência é provisória."

É verdade. Nós congelamos Darwin porque queremos respostas absolutamente certas e muitas vezes não conseguimos obtê-las.

Voltemos à velha e boa pleiotropia antagônica e à explicação do Dr. Jagust. "Muita coisa que acontece ao envelhecermos é provavelmente uma manifestação de funções que foram importantes na juventude, mas são irrelevantes na velhice."

Provavelmente as nossas memórias também funcionam assim. Vejamos, por exemplo, o primeiro mistério que formulei: por que alguns tipos de memória têm mais poder de permanência do que outros?

A memória de procedimentos, que (se você lembra) abrange tudo o que fazemos no piloto automático, a memória semântica, que abrange fatos, e a memória episódica, que abrange a experiência pessoal, são todas fortes quando somos jovens adultos. Elas precisam ser. Não estamos mais sob os cuidados de nossos pais; precisamos cuidar de nós mesmos e da nossa prole; precisamos ser capazes de lembrar não apenas como amarrar o cordão do sapato (memória de procedimentos) e o que é um sapato (semântica), mas também quando nossos sapatos precisam de reparo e que tamanho de sapatos comprar para os nossos filhos e onde deixamos os nossos sapatos quando chegamos em casa ontem à noite – todas memórias episódicas.

O tempo passa. A memória de procedimentos permanece intacta.

A memória semântica permanece boa (você pode esquecer momentaneamente como se chamam aquelas folhas verdes que você aprecia na salada, mas você sabe o que *é* rúcula).

A memória episódica começa a perder velocidade. Por quê? Em parte, obviamente, porque as memórias de procedimentos e semântica se fixam pelo contato repetitivo. Mas talvez também porque, em termos de mera sobrevivência, não é importante lembrar onde você foi caminhar ontem, quem você encontrou e sobre o que vocês conversaram. O importante é lembrar o que *caminhar* significa e como se caminha.

Não *precisamos* mais da memória episódica com força total. Seria bom tê-la, e ficamos malucos quando não temos, mas não precisamos mais dela.

Tomemos aquele outro mistério, os nomes das pessoas. Por que não conseguimos lembrá-los? Bem, sob a perspectiva evolutiva, por que *deveríamos* lembrar? Por que a *expectativa* de que os lembraremos? Pense na quantidade de nomes que chegam até você num só dia – em casa, no trabalho, na rua, na TV, on-line, nos jornais etc. Cada um de nós provavelmente encontra mais pessoas num dia do que um ser humano encontrava, até pouco tempo atrás, durante sua vida inteira.

Nesse sentido, poderíamos dizer que a evolução ainda não se adaptou à realidade da vida moderna. Estamos progredindo. E uma vez que começamos a inventar tecnologias, avançamos com uma rapidez *espetacular*.

Para dar um exemplo impressionante, o futurista Ray Kurzweil conta no seu livro *A era das máquinas espirituais*: "Os computadores são cerca de 100 milhões de vezes mais poderosos, pelo mesmo custo unitário, do que meio século atrás. Se a indústria automobilística tivesse feito o mesmo progresso nos últimos 50 anos, *um carro custaria atualmente um centésimo de centavo e ultrapassaria a velocidade da luz*."

EU DISSE AO DR. JAGUST que conseguia entender que, no que diz respeito à evolução, depois da procriação e da criação dos filhos, a natureza pára de apostar nos nossos corpos. Posso não gostar, mas consigo entender – a fraqueza dos músculos, a diminuição dos ovários, o enfraquecimento dos espermatozóides, tudinho. Mas por que nos atingir em nossas memórias?

Ele respondeu: "A chamada perda normal de memória com o envelhecimento é realmente bem branda. Na maioria dos casos, não acarreta deficiências graves."

Então por que acontece isso?

A resposta a essa pergunta costuma ser: porque lembrar coisas sem importância atulharia a sua mente (o efeito Sherlock Holmes).

Mas, se atulharia as nossas mentes, também abarrotaria as mentes de nossos filhos e netos. Por que nos atormentar? Que mal teria deixar nossas lembranças intactas?

Poderíamos perguntar à Mãe Natureza: percebo que você criou muitos, muitos desmemoriados. E percebo que não é nenhuma vergonha ser um desmemoriado. Mas a verdade é que tampouco é um grande prazer. Seria tão ruim dar um jeito de fazer com que eu consiga lembrar onde, diabos, deixei meus óculos? E a resposta seria: não é econômico.

Biologicamente, seu corpo é um lodaçal de competitividade implacável. Zilhões de células estão competindo para sobreviver. Os pesquisadores evolucionistas falam de processos metabólicos "dispendiosos" e "caros" de manter, de capacidades que precisam "ganhar a vida" ajudando na reprodução. Se algum processo se torna tão dispendioso que o preço de mantê-lo supera a vantagem (uma "vantagem" sendo qualquer coisa que ajude a reprodução), ele é desativado.

Essa é a seleção natural. Imagino-a como um capitalismo celular.

Ora, o cérebro é um órgão superdispendioso que requer muita manutenção, sobretudo seus lobos frontais. E, como vimos, eles podem ser essenciais para a memória episódica, mas a memória episódica não é essencial para nossa sobrevivência. Portanto, você não precisa ser formado em Harvard para entender a análise de custo-benefício.

– Os lobos frontais são provavelmente a última parte do cérebro a se desenvolver, bem como a primeira a se deteriorar – disse o Dr. Jagust. – Por que se deterioram primeiro? Não sei. Mas acho que existem motivos razoáveis: eles recebem uma quantidade tremenda de input de todas as outras partes do cérebro. Consomem muito fluxo sanguíneo, muito oxigênio; são metabolicamente caros de manter. Portanto, custam toda aquela energia metabólica, e eu diria que o benefício para a espécie (nós, pessoal!) – não é grande o suficiente para manter o sistema em plena atividade.

Mesmo assim, fiquei pensando: pode ser irrelevante à evolução o que acontece *conosco*, mas se o objetivo é otimizar as vantagens reprodutivas, as chances de uma criança sobreviver até a idade reprodutiva não seriam maiores se ela pudesse contar não apenas com as lembranças de Mamãe e Papai, mas também de Vovó e Vovô?

– Ah, sim, esse argumento tem um nome – disse o Dr. Jagust. – Chama-se o Argumento do Avô.

O Argumento do Avô! Ninguém merece! Achei que estivesse pensando de forma criativa, mas em vez disso simplesmente pousei sobre uma fórmula conhecida chamada o Argumento do Avô.

– Sim – ele disse –, esse tem sido um dos argumentos a favor do envelhecimento saudável. Mas é preciso cuidado. Um avô em tempos remotos talvez tivesse 35 anos. Em outras palavras, estaria bem longe da idade em que nossos sistemas de memória episódica começam a brincar de esconde-esconde conosco.

Moral da história: *não fomos projetados para viver tanto tempo.*

Então por que vivemos?

O ANTROPÓLOGO BIOLÓGICO Terrence Deacon tem uma boa teoria. Mas não diz que é uma boa teoria. Ele a chama de sua hipótese ousada e maluca.

– A forma clássica de prolongar a vida de um mamífero – ele diz – é reduzir sua dieta.

Ele se refere à restrição calórica, que é... bem, você deve se lembrar da restrição calórica. Quem consegue esquecer a restrição calórica? A boca começa a salivar só de pensar.

– Nós não seguimos essa dieta. Então por que vivemos tanto tempo? Na minha opinião, trata-se de um mistério. Mas tenho uma hipótese. Acho que tem a ver com os nossos cérebros grandes e toda aquela energia metabólica que consomem. Acho que internamente o nosso sistema *pensa*, por assim dizer, que está sob restrição calórica, porque o cérebro está consumindo mais energia do que deveria. Acho que nossos cérebros grandes conseguiram induzir nossos corpos a envelhecer lentamente a fim de conservar energia.

– Quer dizer que um cérebro desproporcionalmente grande, em certo sentido, imita a restrição calórica?

– Essa é minha hipótese ousada e maluca. Acho que esse negócio do envelhecimento é um epifenômeno. (Um fenômeno que ocorre junto com outro, e parece resultar deste.)

Ou seja, ele não está sugerindo que a evolução nos dotou com cérebros grandes *para que* tivéssemos vidas anormalmente longas, e sim que nossas vidas anormalmente longas são um subproduto acidental de nossos cérebros grandes.

NOSSOS CÉREBROS podem ser grandes, mas as nossas memórias são falíveis. Nossos próprios *neurônios* são falíveis. Existem duas correntes de pensamento sobre a falibilidade da memória.

Uma acha que a Mãe Natureza poderia ter caprichado mais. Essa é a crença de muitos futuristas que esperam aperfeiçoar o projeto... *nós*. Eles sonham – não um sonho delirante, mas um sonho baseado em pesquisas de laboratório – em construir robôs que farão o que o sistema de memória humano faz, porém melhor. Muito melhor.

A outra defende que existe um método na loucura da Mãe Natureza. As imperfeições de nosso sistema de memória são o preço de sua eficiência geral.

O psicólogo Daniel L. Schacter propõe em seu livro *Os sete pecados da memória* que as próprias falhas de memória podem ter lá suas vantagens:

"É, sem dúvida, irritante quando, operando no piloto automático, você guarda sua carteira num local atípico e, mais tarde, não consegue lembrar onde a deixou. Mas suponha que, ao guardá-la no lugar errado, você estava mentalmente concentrado em meios de reduzir os custos de sua empresa, e uma ótima idéia lhe poupou montes de dinheiro. [...] Quando podemos realizar tarefas rotineiras de forma automática, ficamos livres para voltar a atenção para assuntos mais importantes. Já que utilizamos freqüentemente processos automáticos em nossa vida diária, os erros ocasionais causados pela distração parecem um custo relativamente baixo por tamanho benefício."

Confesso que não fiquei totalmente convencida ao ler sua explicação e insisti nessa questão quando o entrevistei:

– O fato de esquecermos os tipos de coisas que esquecemos está relacionado com a eficiência do sistema?

– Certamente. O sistema está disposto de modo a existir uma certeza quase intrínseca de que o que é significativo e importante terá maior chance de ser armazenado e recuperado. Muita coisa depende do que você acha que são as funções da memória. *A memória provavelmente está mais ligada ao futuro do que ao passado.*

Essa afirmação me pareceu *impossível* de esquecer, de modo que pedi que ele a detalhasse.

– Bem – ele disse –, não creio que evocamos nossas experiências passadas só para ter uma sensação agradável e nebulosa do passado. É para nos ajudar a prever o que vai acontecer a seguir. Dessa perspectiva, o importante é ater-se à *essência* da experiência, extrair dela as generalidades que se repetem, mesmo que sua memória não se prenda a todas as particularidades. A memória, especialmente a memória episódica, ajuda a planejar, pensar... *simular* é uma palavra que gosto de usar... ajuda a *simular* possibilidades futuras antes que realmente ocorram. Acho que essa é uma das principais razões por que chegamos a ter memória!

A realização suprema da espécie humana: é como o filósofo Dennett denomina nossa capacidade de prever o que vem pela frente. Dennett está falando numa escala global. Ser capaz de prever o tempo, as crises econômicas, o estado de nossas reservas petrolíferas com décadas de antecedência, todos esses prognósticos enormes e importantes.

Mas o mesmo se dá com nossa capacidade *individual* de prever: uma realização suprema. E se baseia, é claro, na memória. Somos capazes de planejar o futuro porque somos capazes de lembrar o passado.

O Dr. Schacter deu um exemplo dramático da ligação entre passado e futuro. Ele e o renomado psicólogo canadense Endel Tulving estavam certa vez entrevistando um paciente com forte amnésia, um homem incapaz de recordar qualquer coisa do seu passado. Schacter perguntou o que ele planejava fazer no dia seguinte e não obteve resposta. O resultado foi um branco total e completo. O homem não conseguia pensar em nada. Era absolutamente incapaz de fornecer qualquer informação.

"Veja bem, poderíamos pensar: sim, sem dúvida, pacientes amnésicos não conseguem lembrar o passado, mas podem pensar no futuro, certo? Mas o que significa pensar no que você vai fazer amanhã? Em parte, você precisa recorrer às suas lembranças de experiências recentes: o que você tem feito, que tipo de coisa tenderá a fazer. Você precisa ser capaz de extrair do seu passado recente informações que permitam pensar no amanhã, na próxima semana e no próximo ano."

De modo que retornamos à mesma pergunta central: se é especialmente a memória episódica que nos ajuda a fazer essa coisa extraordinária, por que bagunçá-la na velhice?

E à mesma resposta central: "As coisas que acontecem mais tarde na vida tendem a ser menos afetadas pelas pressões evolutivas do que aquelas que acontecem mais cedo, antes da idade da procriação."

E, portanto, chego à mesma conclusão: não fomos projetados para viver tanto tempo.

Mas atenção: o centro se mantém. O sistema funciona. Por mais irritante que seja a perda normal de memória, a tendência do sistema para o que é vital permanece intacta.

O que significa que você pode esquecer *outra vez* onde deixou seus óculos de leitura, as chaves do carro ou sua carteira, mas você lembra perfeitamente como ler, como dirigir e como gastar ou economizar o que está dentro daquela carteira que você não consegue achar.

CAPÍTULO DEZESSETE

Além da Geração Botox

Memória e amanhã

A parte mais curiosa era que as árvores e outras coisas em torno deles nunca mudavam de lugar: por mais rápido que avançassem, não pareciam estar ultrapassando nada...

– Estamos chegando lá? – Alice conseguiu enfim perguntar, ofegante.

– Chegando lá! – a Rainha repetiu. – Ora, já passamos por lá 10 minutos atrás. Mais rápido!

Lewis Carroll, *Alice no País do Espelho*

As coisas não aconteceram como estava previsto, gente. Na Idade da Pedra da tecnologia, em 1970, o escritor futurista Alvin Toffler previu que, no ano 2000, estaríamos trabalhando menos, relaxando mais, espreguiçando nas nossas redes e tentando descobrir o que fazer com tanto tempo livre.

Não foi bem assim. O que aconteceu, em vez disso, foi a globalização econômica. O ritmo competitivo disparou. As pessoas se viram trabalhando mais, relaxando menos, reclamando sem parar que estavam dormindo pouco – uma queixa endêmica – e constatando que precisavam acelerar para não ficar para trás.

É o que os biólogos evolucionistas, ao descreverem a pressão sobre as espécies na luta pela sobrevivência, denominam princípio da Rainha Vermelha: em *Alice no País do Espelho*, Alice e a Rainha Vermelha não param de correr, mas não chegam a lugar algum. Alice fica perplexa, e a Rainha explica: "É preciso correr o máximo que *você* consegue para permanecer no mesmo lugar. Se você quer chegar a algum outro ponto, tem que correr o dobro disso!"

E o que acontecerá à frente? A competição desenfreada diminuirá ou ficará ainda mais acelerada? Eis uma ótima pista: no mesmo ano de 1970, de acordo com o Census Bureau, a maioria dos calouros universitários dizia que seu principal objetivo era "desenvolver uma filosofia de vida significativa".

Já em 2005, a maioria dos calouros disse que seu maior objetivo era "se dar bem financeiramente".

Evoluímos bastante.

O neurologista Adam Gazzaley me conta em seu escritório na Universidade da Califórnia, em São Francisco, onde é diretor do laboratório de neurociência, que, para a geração na faixa dos 60 anos, é importante continuar afinado. Eles querem continuar trabalhando e competir com o pessoal de 30 anos, por isso precisam manter seus cérebros saudáveis para atuar num nível cognitivo que lhes permita ser competitivo.

Não é fácil competir com o pessoal de 30 anos quando você tem dificuldades em realizar diversas tarefas ao mesmo tempo, nem sempre lembra os nomes associados àqueles rostos novos (e jovens) no escritório e não consegue achar suas anotações da reunião de ontem... e, mesmo que as encontrasse, de nada adiantaria, já que você não sabe onde colocou seus óculos de leitura.

Um dilema. O que fazer?

– A solução poderia estar em certos tipos de intervenção – diz o Dr. Adam Gazzaley –, certas formas potenciais que nos permitam melhorar essas capacidades que mudam à medida que envelhecemos.

Intervenção. Isso significa ferramentas, externas a nós, para melhorar nosso projeto mortalmente imperfeito.

Ou seja, o que a Mãe Natureza não fez pela memória a tecnologia poderá vir a fazer.

É claro que as intervenções já são abundantes. Temos intervenções reabilitadoras para quase todas as partes do corpo humano. Existe Botox para as rugas na testa. Existe Rogaine para a calvície. Existe Viagra para o pênis preguiçoso. Existe o Viagra *rosa*, para fazer pelo impulso sexual das mulheres o que o Viagra faz pelo dos homens. (Embora não tenha sido lançado no mercado porque não funciona, e não funciona porque o desejo sexual feminino funciona diferentemente do masculino, fato que os fabricantes de remédios levaram anos e Deus sabe quantos milhões de dólares em pesquisa para descobrir. Uma pena. Qualquer mulher poderia ter contado a eles.)

Temos cirurgias plásticas para o rosto, o pescoço, as orelhas, os braços, as pernas, os seios, a barriga, as nádegas, os genitais (não pergunte), para tudo. Chegou a hora, portanto, do cérebro.

MORO PERTO DO CENTRAL PARK, em Manhattan. Posso ver o parque da minha janela. Posso ver o pessoal praticando jogging ao redor do lago, dando voltas e mais voltas, faça chuva ou faça sol. Nos quarteirões próximos, passo por academias de malhação. Espio pelas janelas e vejo as fileiras de pessoas de rostos vermelhos, todas as bicicletas ergométricas, esteiras ocupadas durante todas as horas do dia e da noite. Muitos, se não a maioria, parecem estar no início da meia-idade. Às vezes me pergunto: quem são essas pessoas? Elas não trabalham?

Provavelmente sim. Mas você sempre arruma tempo para o que você *realmente* quer fazer.

Temos sido, nas últimas três décadas, uma cultura fissurada por exercícios físicos. Agora parecemos estar no vértice de uma transformação cultural. Não que a mania da forma física esteja diminuindo, mas a preocupação com a boa forma mental a está ultrapassando. As modas vêm e vão na área da saúde como em qualquer outra, e o que era o máximo numa época deixa de ser em outra, como os comprimentos das saias. Estamos adentrando – na verdade, o processo já começou, embora o que tenhamos hoje seja provavelmente café pequeno comparado com o que virá pela frente – uma era da mania dos exercícios mentais.

Vejo quatro grandes motivos. Deve haver outros, mas estes são os que me parecem mais convincentes:

1. A grande revolução causada pela tecnologia de exames do cérebro (tomografia e ressonância magnética) que permite que os neurocientistas vejam como os nossos cérebros funcionam e explorem meios de fazê-los funcionar melhor.
2. O medo da demência e a fixação em permanecer mentalmente afiado.
3. A renda disponível: os *baby boomers* – a geração que nasceu entre 1946 e 1964 – têm dinheiro, controlando 70% da riqueza americana e gastando mais do que qualquer outra geração da história.
4. O lucro: a genialidade de nossa indústria farmacêutica em, sempre que possível, ganhar dinheiro.

Junte todos esses fatores e o resultado é a força da indústria antienvelhecimento.

Para onde a neurociência levar, o comércio seguirá. Portanto, tendo em mente os riscos de previsões, vejamos aonde a neurociência *parece* estar nos levando.

Eis as intervenções do amanhã:

Exercício cerebral: programas de computador interativos ajustados às necessidades individuais. As estratégias tradicionais ensinavam como *compensar* as perdas de memória que vêm com as mudanças cerebrais relacionadas com a idade. As novas visam a *reabilitar* seu cérebro. Você pode começar cada dia com um exercício cerebral rápido no seu computador antes de partir para o escritório.

"Pílulas inteligentes": remédios para melhorar a memória e a cognição em geral, estimulando quimicamente os sistemas de neurotransmissão de seu cérebro.

Procedimentos invasivos: diferentes manipulações elétricas e químicas para aguçar as lembranças boas, enfraquecer as ruins e até – está preparado? – deixar você com lembranças gloriosas de experiências que nunca teve.

Intervenções genéticas: manipulação de genes ligados à memória. Ainda na prancheta de desenho, embora os pesquisadores já tenham realizado, com sucesso, muitas intervenções genéticas em camundongos de laboratório.

Implantes no cérebro: um chip de computador implantado na cabeça, para o qual você possa fazer download... de qualquer coisa.

O que significa, com efeito e na verdade, que você agora dispõe de um sistema de backup da memória.

Maneiro.

PRIMEIRO, O EXERCÍCIO CEREBRAL – também denominado treinamento cerebral, calistenia cerebral, treinamento cognitivo, reabilitação cognitiva etc. Não é preciso esperar pelo futuro. Um precursor relativamente tosco já está sendo usado. Games de computador e vídeos mentalmente desafiadores existem há décadas, mas não eram comercializados como *terapêuticos*, nem direcionados a grupos demográficos específicos. Até que, anos atrás, uma série de estudos amplamente divulgados indicou que exercícios de treinamento podem atenuar a perda normal de memória relacionada com a idade.

Bem, você pode imaginar. Esses estudos criam um clima de oportunidade que nenhum fabricante de brinquedos e/ou jogos poderia ignorar. De súbito a indústria de jogos depararou com um enorme mercado novo – *nós!* – e o que começou como tendência rapidamente virou mania.

A revista *Time*, em matéria de janeiro de 2007 intitulada "Um Nintendo para Vovó", observou: "O nicho daqueles com mais de 50 anos é um mercado em grande parte inexplorado e potencialmente lucrativo, e os fabricantes de brinquedos e jogos estão começando a cortejar essa geração com produtos que prometem ajudar a aguçar a memória e a habilidade cognitiva."

A internet logo foi invadida por games e sites: *Brain Age* (Era do cérebro), *Brain Boost* (Estímulo cerebral), *Train Your Brain* (Treine seu cérebro), *Love Your Brain* (Ame seu cérebro), *Brain Fitness* (Boa forma cerebral), *MindFit, Happy Neuron* (Neurônio feliz), *Ultimate Brain Games* (Supremos jogos do cérebro), *Big Brain Academy* (Grande academia do cérebro). "Academias do cérebro" e "workshops do cérebro" foram instalados em centros comunitários, clínicas hospitalares, centros de idosos, comunidades de aposentados, complexos de vida assistida e abrigos de idosos, e em centros comerciais onde empresas inauguraram programas de exercícios cerebrais para os funcionários.

Da Nintendo, produtora do Pokémon, agora surgiu o *Brain Age*: Treine seu cérebro em alguns minutos diários! (600 mil unidades vendidas nos primeiros oito meses), baseado, ao que nos informaram, na pesquisa de um neurocientista japonês. Da Mattel, fabricante das bonecas Barbie, surgiram os *Brain Games*, baseados, ao que nos informaram, na pesquisa de um psiquiatra da Universidade da Califórnia, Berkeley (que apregoa suas próprias "estratégias pioneiras" para melhorar a memória, embora essas estratégias pioneiras pareçam ter pelo menos 2 mil anos).

Tudo, ao que nos informam, foi baseado na pesquisa de algum cientista. O problema foi precisamente formulado por um membro da American Society on Aging: "O desafio que temos, como acontece na indústria antienvelhecimento, é: quanta ciência existe por trás disso?"

Boa pergunta.

O maior estudo nacional dos exercícios cerebrais, relatado no *Journal of the American Medical Association*, mostrou que o treinamento da memória em tarefas como lembrar listas de palavras e detalhes de histórias realmente faz diferença. Ao praticarem exercícios de memória, os participantes tornavam-se mais hábeis em *realizar exercícios de memória.* Mas houve poucos indícios de que aquelas habilidades se traduziam numa memória geralmente melhor no dia-a-dia. E nenhum de que tal treinamento possa ajudar a prevenir a demência.

– Dá para melhorar a memória com treinamento? *Sim* – diz o Dr. Barry Gordon, do Johns Hopkins Hospital. – Sabemos disso. O que se desconhece é até onde treinar uma função mental num jogo de computador será útil no jogo da vida. Provavelmente o tipo de exercício mental que você teria que realizar para realmente melhorar a função cerebral seria tão cansativo e extenso que as pessoas não o veriam como um exercício. Veriam como a vida real.

A Dra. Elizabeth Edgerly, uma psicóloga clínica da Alzheimer Association, contou ao *The New York Times*: "Todas essas coisas em geral são boas. Se tenho preocupações? Sim, somos muito cautelosos. Esses exercícios vão garantir que você lembrará onde deixou as chaves do carro? Não podemos afirmar isso."

Em outras palavras, sim, claro, faça os exercícios de treinamento cerebral se você quiser. (Ou crie seus próprios. Alguns fabricantes de jogos enfatizam que seus produtos "exercitam diferentes funções cerebrais". Ler um bom livro também.) Pratique-os porque você gosta, porque fazem com que se sinta mais afiado, porque o fazem se sentir virtuoso. Pratique-os porque *podem* ajudar e certamente não fazem mal. Mas não os pratique esperando lembrar onde deixou as chaves do carro ou os óculos, para não se decepcionar.

Grande parte do que é vendido hoje é puro entretenimento, videogames superanimados e geralmente não testados por padrões científicos. Mas algumas empresas de software vêm trabalhando com laboratórios como o do Dr. Gazzaley, desenvolvendo programas de exercícios com interações cada vez mais sofisticadas entre cérebros e computadores, e os primeiros resultados são promissores.

"O cérebro está ligado ao nosso registro de informações, possibilitando que vejamos, de segundo em segundo, o que está ocorrendo dentro do cérebro enquanto a pessoa interage com o mundo visual. Se o mundo visual é um exercício de treinamento cognitivo, podemos ver como o cérebro é afetado por essa interação: como o funcionamento normal do cérebro é alterado pelo exercício de treinamento. Alimentamos essa informação direto no software. Portanto, o computador está aprendendo diretamente como seu cérebro está agindo, ajustando-se automaticamente para a sintonia fina desse processo cerebral", ele conclui.

Os pesquisadores também estão se ajustando. Eles ainda não entendem precisamente como essas interações cérebro-computador podem funcionar, porque não entendem precisamente como a memória funciona. Mas os muitos que entrevistei estão certos de que aí reside o futuro da reabilitação da memória: em programas de treinamento computadorizados – e no que eufemisticamente denominam intervenção farmacológica.

O QUE SÃO EXATAMENTE "pílulas inteligentes"?

Não é tão fácil obter uma definição *exata*. As fronteiras são permeáveis. Na definição do Dr. Gazzaley:

"Um remédio que o mantém acordado e alerta, ou que o faz dormir caso sofra de insônia, melhorando seu desempenho no dia seguinte, são 'pílulas inteligentes'? Se você é tratado de depressão até se sentir bem e poder se concentrar melhor, ficará 'mais inteligente'. Isso torna o antidepressivo um 'remédio inteligente'? Em certo sentido, sim. Portanto, acho que qualquer coisa que melhore o bem-estar de algum modo poderia ser considerado um 'remédio inteligente'."

É claro que, por essa definição, já estamos mergulhados em remédios inteligentes. Mas, se esses medicamentos nos tornam "mais inteligentes", é por acaso. Essas pílulas novas, que poderão ser tão comuns quanto a aspirina em 2018, ou até bem antes, são outra história. Seu objetivo será nos tornar mais inteligentes melhorando a memória e a cognição geral, o que provavelmente farão impulsionando – recarregando quimicamente, podemos dizer – aqueles trilhões de conexões entre os bilhões de redes neurais que enfraquecem no decurso normal do envelhecimento.

No papel, essas pílulas serão estritamente para uso terapêutico. A indústria farmacêutica não gosta de falar sobre a perspectiva de uso *cosmético*, que costuma ser chamado de neurologia cosmética. O motivo é que o governo só aprova remédios para tratar doenças, não para colocar glacê no bolo de pessoas saudáveis.

De modo que ocorre uma espécie de efeito esconde-esconde, como no caso visível do Viagra. Como observou o *The New York Times*: "A Pfizer sempre ficou em cima do muro ao comercializar o Viagra, insistindo que o remédio trata um problema médico grave, a impotência, merecendo cobertura do seguro-saúde, enquanto promove o remédio com anúncios sugestivos que têm irritado as autoridades regulamentadoras."

Portanto, o que a indústria farmacêutica irá enfatizar com os remédios inteligentes será a ajuda a pessoas com danos cognitivos graves. Mas esse é apenas um lado da moeda, e todos nós sabemos que, quando esses comprimidos estiverem disponíveis, se forem capazes de aguçar a mente das pessoas, todo mundo vai querer. Avidamente.

Ninguém (bem, quase ninguém) é contra o uso de remédios comprovadamente seguros para as pessoas que necessitam de ajuda, e a maior esperança é a descoberta de um remédio para curar ou tratar a doença de Alzheimer. Mas a questão do uso *cosmético* tem levantado perguntas que causaram uma avalanche de debates nos círculos profissionais: isso é ético? "Você pega pessoas que estão funcionando num nível perfeitamente bom e as torna mais 'inteligentes'? É isso que não está claro", diz o Dr. Gazzaley.

Além disso, o que atualmente constitui "um nível perfeitamente bom" continuará dando conta do recado futuramente? Ouço o eco deste comentário do Dr. Norman Relkin, diretor do Programa de Distúrbios da Memória da Cornell University: "Dizem que o que é normal em uma geração torna-se patologia e doença na próxima. Esse negócio que estamos chamando de esquecimento normal provavelmente não será aceitável daqui a uma ou duas gerações."

E as pessoas que preferem uma vida natural e rejeitam qualquer substância química para si e seus filhos, estarão em desvantagem? *Tome uma pílula, consiga uma promoção, gabarite um exame. Se não tomar, ficará para trás.*

E como ficam as "pílulas do esquecimento" para lembranças emocionais dolorosas? Seria ótimo se pudéssemos nos livrar delas, mas a que custo? Nossas lembranças, afinal, fazem de nós quem somos. Imagine o perigo desta tentação: sentiu uma pontada de vergonha, uma pitada de arrependimento, uma sensação de inveja ou tristeza ou pesar? *Sem problema*. Tome uma pílula.

"Às vezes, gostaria de ter uma dessas pílulas", diz a neurologista Judy Illes. Professora da Universidade de British Columbia, ela dirigiu antes o programa de neuroética da Universidade de Stanford e é proeminente no debate da ética. "A tentação de acelerar minha eficiência para dar conta de tudo é enorme. Mas aí eu penso: "Se eu fizer isso, quando serei *eu* mesma?" Os desafios começam com perguntas sobre a identidade, mas segurança, acesso justo aos recursos por pessoas de todos os estilos de vida e a questão intangível, mas inevitável, do valor do trabalho árduo e da autenticidade – tudo isso torna a melhoria da memória uma área de debates desafiadora.

Quanto à segurança, e se descobríssemos que enganar a Mãe Natureza não é simplesmente *errado*, mas desastroso? Os remédios poderiam melhorar uma função vital da memória à custa de outra, ou entulhar nossos cérebros com os tipos de trivialidades que fomos programados para ignorar?

Enviei essas perguntas por e-mail a Terrence Deacon pouco depois de entrevistá-lo na Universidade da Califórnia, Berkeley, e ele respondeu: "Existem sempre dilemas, e o poder da seleção natural é que ela leva em conta todo o funcionamento integrado, e não apenas uma função, ao fazer com que um organismo evolua. Nós alteramos o equilíbrio correndo certo risco, a não ser que entendamos como o sistema inteiro funciona."

Mas nenhuma das perguntas levanta tanta poeira ética quanto esta: numa sociedade onde o fosso entre os abastados e os destituídos não pára de aumentar, a geração nova de pílulas inteligentes o aumentaria ainda mais?

Quando esses remédios forem lançados no mercado, você pode ter certeza de que serão, ao menos no início, caríssimos. E também de que aqueles com dinheiro suficiente e perda normal de memória farão fila para comprá-los, bem como seus filhos, só para conseguir aquela vantagem extra, e o mesmo acontecerá com bandos de pais jovens que irão querer que seus bebês estejam preparados para concorrer às vagas dos melhores jardins-de-infância, que conduzam às melhores escolas particulares, depois às melhores universidades...

Mas você sabe onde isso vai parar. É sempre a mesma e velha história. O princípio da Rainha Vermelha, com certeza.

Muitos cientistas adotam uma posição puramente pragmática: suas pesquisas podem produzir um produto para pessoas que precisam desesperadamente de ajuda. E se também for usado cosmeticamente? Esta é a realidade da nossa sociedade: as pessoas endinheiradas têm uma vantagem. Se não proibimos ações cosméticas em seus corpos, por que discriminar seus cérebros?

Perguntas espinhosas. Mas será que alguma delas deterá a marcha da neurologia cosmética?

Claro que não.

Pessoas que procurariam avidamente as pílulas inteligentes talvez não mostrassem o mesmo entusiasmo pelos procedimentos invasivos, tais como:

Ativadores elétricos inseridos sob o escalpo para fornecer um estímulo contínuo e assim, teoricamente, auxiliar a memória. Esse procedimento já é empregado para tratar a depressão, e já ouvi rumores de que em algum ponto no coração emaranhado de Manhattan um cirurgião o utiliza para a memória, além de oferecer massagens e tratamentos dos pés em paralelo. Eu não chequei. Não agüentei quando ouvi falar.

Manipulações cirúrgicas para estimular cérebros que envelhecem (lifting do cérebro, como um cirurgião alegremente as denomina).

Existe ainda a possibilidade futura de implantar no cérebro, por injeção química direta, uma memória totalmente artificial.

Que tipo de memória? Ora, qualquer uma que você quiser. Escolha no menu: romance, drama, ação, mistério, comédia...

Parece pura ficção científica, mas existe um fundo de realidade. Pesquisadores do Massachusetts Institute of Technology, que trabalham na manipulação da memória em ratos, especulam que um dia talvez seja possível a um ser humano encomendar uma memória de ter passado uma noite divina com Marilyn Monroe. Eles chamam isso de experimento Marilyn Monroe. Eles podem dar o nome que quiserem, mas não vejo nenhuma razão para me limitar ao pensamento deles. Eu o chamarei de experimento George Clooney. *Isso* sim é uma intervenção para valer.

Cada vez mais a memória está se tornando externa. A maioria das pessoas vai acabar sendo parcialmente humana, parcialmente máquina.

– Rodney Brooks, professor de Robótica do Massachusetts Institute of Technology

Eu quase caí da cadeira quando ele disse isso. Mas o amanhã é hoje no MIT.

Quando nos encontramos, Rodney Brooks era o diretor do Laboratório de Ciência da Computação e Inteligência Artificial. Logo depois, ele renunciou ao cargo de direção para se dedicar, em tempo integral, às pesquisas de robótica.

Uma das maiores sumidades vivas no campo da inteligência artificial – IA, como os aficionados dizem –, Brooks faz coisas que parecem de outro planeta. Ao menos para uma terráquea como eu.

Brooks e sua equipe estão procurando meios de nos ajudar a enfrentar um volume incompreensível de informações: "Como entendê-las. Como pesquisar coisas, como encontrar coisas, como lembrar coisas – como conviver com todas essas informações num mundo que, em vez de desconcertante, seja coerente e torne a vida melhor."

Como fazer isso? O que significa dizer que a memória está se tornando cada vez mais externa?

– Nos velhos tempos – ele diz – você tinha que manter tudo na sua cabeça. Toda a história era oral. Aí vieram os livros, e as pessoas não precisaram mais se lembrar de tudo. Até que, no século XX, o advento dos jornais e o barateamento dos livros mudaram totalmente as expectativas do que você precisava armazenar na cabeça. Você dispunha das informações em casa. E agora, com tanto material instantaneamente disponível na internet, já nem sentimos necessidade de tê-las em nossas casas. Antigamente consultávamos a enciclopédia. (Na minha casa continuamos consultando. Todos os 23 volumes antediluvianos estão enfileirados numa estante do escritório. Nós nos maravilhamos com o Google, mas como é magnífico apanhar um daqueles volumes, sentir seu peso, folhear suas páginas, acariciar seu papel fino que está amarelando. Quanto prazer tátil existe numa tela de computador?) Agora consultamos o Google o tempo todo. O que antes tinha que caber no meu cérebro simplesmente ficou grande demais. De modo que eu recorro à internet. E as ferramentas de que dispomos para isso são relativamente primitivas, eu acho, comparadas com o rumo que poderão tomar no futuro... o rumo que eu *espero* que tomarão.

Brooks conta sobre um colega, o mais puro dos futuristas, que acredita que, em 20 anos, será capaz de fazer download numa máquina de sua própria consciência, incluindo cada vestígio de lembrança soterrada dentro dele.

– Acho que ele vai longe demais – Brooks diz afetuosamente –, mas ele acredita nisso. Portanto, precisa seguir uma dieta saudável e ter um estilo de vida saudável a fim de viver o suficiente para fazer o download de sua salvação eterna. Trata-se da vida eterna para os ateus!

A visão de Brooks sobre o futuro segue duas grandes linhas de pesquisa: ciência da computação (significando, essencialmente, implantes no cérebro) e IA (significando, essencialmente, robôs).

Quanto aos robôs, ele sustenta apaixonadamente um ponto de vista muito popular entre os futuristas. Você pode achar emocionante ou assustador, mas ninguém pode dizer que seja tedioso. Em resumo: os seres humanos são máquinas constituídas de moléculas, de modo que deve ser possível – *em princípio,* uma expressão que ele não pára de enfatizar – produzir robôs a partir de moléculas sintetizadas. Robôs com inteligência e emoção. Robôs com um sistema de memória humano (porém aperfeiçoado) embutido. O supremo sistema de backup da memória.

– É possível sintetizar todas as moléculas que nos constituem? – perguntei.

– Acho provável que sejamos capazes disso. Mas se conseguiremos juntá-las da forma certa, se somos suficientemente inteligentes para isso, aí é que está a questão.

– E se fosse possível, a inteligência emocional estaria embutida nessa máquina?

– Certamente. Em princípio.

– Você acredita que essa máquina conseguiria sentir o prazer que eu sinto agora ao ouvi-lo?

– Espero que sim. A ciência vem nos fustigando nos últimos mil anos. A ciência vive erodindo a nossa pretensão de sermos especiais. Sobre o que girou o debate de Galileu? Bem, em parte, sobre a idéia de que Deus criou o mundo para *nós*. A Terra era o centro do universo. Galileu disse: "Não, nós giramos ao redor do Sol!" As pessoas disseram: "Nós giramos ao redor do Sol? Não pode ser! Isso é terrível!" Agora dizemos: "Fazemos parte do reino animal? Não pode ser! Somos especiais!" Quando Garry Kasparov, o campeão de xadrez, foi derrotado por Deep Blue, o computador da IBM, lembra o que ele disse? Ele disse: "Bem, ao menos ele não teve *prazer* em me derrotar." Aquela máquina fria e calculista não podia ter prazer como *ele*. E agora você pergunta: "Você acha que um robô poderia gostar de ouvir como *eu*? Veja bem, queremos ser especiais.

– Desculpe a minha impertinência.

– Sem problema.

– Você está na cama com sua mulher.

– Sim.

– Vocês estão fazendo amor.

– Sim.

– Você atinge o orgasmo.

– Sim.

– Você acha, *em princípio*, que um computador seria capaz de replicar essa experiência?

– Em princípio? Sim! Minha mulher poderia não querê-lo na cama com ela, mas... sim!

Quem saúda o visitante agora no Laboratório de Robótica Humanóide é um bando de robôs que não parecem humanóides nem robóticos.

Eles têm uns 60 centímetros de altura, com extensões que são ligeiramente – muito ligeiramente – equivalentes a cabeças, torso e membros, e suas infinitas peças estão totalmente expostas: engrenagens, cabos, molas, motores, placas de circuitos, fios, componentes mecânicos e elétricos, ajuntamentos montados com peças de alguma loja de ferragens da Lua. E não tem havido nenhum esforço para dotá-los de um aspecto humanóide – com exceção de um robô, com rosto de bebê sorridente de desenho animado e um aviso embaixo dizendo: "Oi, meu nome é Mertz. Por favor interaja comigo. Estou tentando aprender a reconhecer pessoas diferentes."

Brooks tem uma lista de desejos para seus robôs:

– A primeira coisa que desejo é a capacidade de reconhecimento de objetos de uma criança de 2 anos. Porque uma criança de 2 anos pode chegar a um local onde nunca esteve antes, olhar para objetos que nunca viu antes e dizer seus nomes. Depois, a capacidade de linguagem de uma criança de 4 anos. Depois, a destreza manual de uma criança de 6 anos. Alguém com 6 anos consegue amarrar o laço do sapato e fazer tudo o que um operário de fábrica tem destreza manual para fazer. Depois, a compreensão social de uma criança de 8 anos. Alguém com 8 anos consegue distinguir entre o que uma pessoa diz e aquilo em que aquela pessoa acredita.

– E a capacidade de memória, de ser capaz de reter e lembrar? – eu pergunto, e sua expressão deixa claro que eu dei uma mancada.

– Bem, você precisa de *tudo* isso aos 2 anos – ele respondeu.

– Quer dizer que a lista inteira pressupõe a memória?

– Exatamente.

Mertz continua sorrindo.

Se um robô com um sistema de memória humano chegará a existir, certamente não será para *nós*. Mas implantes no cérebro? Estes estão no futuro previsível.

Brooks começa devagar:

– Uso um iPod como dispositivo de memória. Em 2003, por 400 dólares, você obtinha um iPod de 10 gigabytes. Em 2004, você obtinha um de 20 gigas, em 2005, de 40 gigas, em 2006, de 80. A capacidade dobra a cada ano. Em 2013, toda a Biblioteca do Congresso caberá num iPod. Em 2020, todos os filmes já realizados, todos os programas de TV, caberão num iPod. Poderemos carregar no bolso toda a nossa memória de entretenimento do passado. As pessoas da minha idade – ele tem 53 anos – recordarão: "E aquela vez em que Lucy falou com Ricky?", e encontraremos aquele episódio específico nos nossos iPods. Trata-se de uma memória externa impressionante. Mas o que ela faz por nossas memórias *internas* sobrecarregadas, além de aliviar a carga?

Ele mesmo responde à sua pergunta:

– O.k., vamos ver coisas mais estranhas. Cem mil pessoas no mundo atualmente têm chips na cabeça porque ficaram surdas e receberam implantes coclear, popularmente conhecido como ouvido biônico. Um computador na cabeça está ligado aos nervos do ouvido, permitindo que ouçam de novo. Graças às pesquisas em degeneração macular, algumas pessoas trazem agora chips implantados em suas retinas, e outras têm câmeras externas conectadas a chips implantados no córtex visual. Prevejo que, nos próximos 20 anos, essa tecnologia dará acesso à memória. Atualmente obtemos no computador e no Google as informações que desejamos. Mas imaginemos que no futuro bastará *pensar*. Imaginemos que, com conexões em nossos centros de linguagem e um navegador virtual da internet no nosso córtex visual, bastará *pensar* no que queremos pesquisar que os resultados aparecerão em nossas mentes, da mesma forma como as pessoas *ouvem* graças a um computador conectado a um microfone implantado no cérebro. Ora, quando digo isso, as pessoas reagem: "Oh, não, só um surdo se sujeita a isso porque quer voltar a ouvir. As pessoas não colocariam um chip no cérebro se não *precisassem*." Sabe o que eu digo? Eu digo: Botox! Veja bem: as pessoas fazem de tudo – diz Brooks.

Tenho um parente, um cientista da computação, que costumava ser um banco de dados ambulante de cinema internacional. Recentemente, ele me disse: "Sempre tive essa memória extraordinária para trivialidades. Eu conseguia lembrar quem foi o terceiro diretor de *E o vento levou*. Agora simplesmente faço uma consulta. No trabalho, ninguém mais toma notas sobre os artigos científicos. A gente vai ao Google e acha tudo aquilo de que precisa. O que é ótimo, mas o lado negativo é o que aconteceu com minha memória. Ela não é mais a mesma."

Bem, adoro o Google. Ele me encanta. Minha mente antiquada fica intrigada querendo saber como toda essa informação foi parar *ali*. Mas existe uma pergunta que me atormenta, e ando tão preocupada por tanto tempo com esse negócio de memória que não consigo tirá-la da cabeça.

Pergunta: com a aceleração do ritmo tecnológico, não está escrito nas estrelas que nossos filhos (provavelmente) e netos (certamente) saberão mais, mas lembrarão menos, do que nós? Talvez, no frigir dos ovos, eles não tenham que se lembrar de mais nada.

Tudo bem, suponho, se conseguirem acessar aquele navegador virtual em seus cérebros para encontrar o que procuram. Como: *aquela mulher que está vindo na minha direção, qual o nome dela? O.k., fazendo download... Aha! SILVIA!*

A perspectiva tem seus atrativos. Mas ela me incomoda.

Rodney Brooks tem uma boa resposta. As pessoas sempre se preocupam com o progresso, ele diz. É assim que somos. "Nossa tecnologia vem mudando há milhares de anos, e sempre houve esse temor de que irá piorar as coisas – e, em certo aspecto, piora. Você e eu estaríamos em maus lençóis se fôssemos colocados numa caverna em algum lugar, tendo que acender nosso próprio fogo.

Tradução: gostaria de estar de volta às cavernas?

Uma pergunta retórica.

Mas alto lá. Esse chip que seria embutido no meu crânio lembrando tudo para mim... ele pode sentir? Ele pode evocar a alegria associada a essa lembrança particular na minha cabeça, e a tristeza associada àquela outra? Ele pode recordar a sensação de prazer, ou hilaridade, ou curiosidade?

Ele consegue lembrar o amor?

Em caso positivo, eu o aceitaria.

Não que eu seja mal-agradecida pela memória que a Mãe Natureza e milhões de anos de evolução me concederam, com todos os seus defeitos. Ouça, sou totalmente grata.

Saudações à Mãe Natureza.

Saudações à evolução.

Saudações à memória – à sua, à minha e à de Esquecionome.

Oh, mas como seria bom se nunca mais na vida eu tivesse que perguntar: "*Onde deixei meus óculos?*"

CONHEÇA OUTROS TÍTULOS DA EDITORA SEXTANTE

FIQUE DE BEM COM SEU CÉREBRO
Suzana Herculano-Houzel

Esse livro foi escrito para quem deseja alcançar o bem-estar e torná-lo algo cada vez mais intenso e freqüente em sua vida. Uma das mais renomadas neurocientistas brasileiras, Suzana Herculano-Houzel mostra o melhor caminho para a conquista desse objetivo: ficar de bem com o próprio cérebro, isto é, cuidar para que ele funcione da melhor maneira possível, sempre.

Aqui você conhecerá uma série de descobertas recentes da neurociência e saberá de que modo elas podem ajudar você a manter o cérebro saudável. Com um texto claro e cativante, a autora apresenta uma abordagem prática desse assunto, com dicas que estimularão você a arregaçar as mangas e se dedicar a obter mais paz e felicidade no dia-a-dia.

DEIXE SEU CÉREBRO EM FORMA
Corinne L. Gediman e Francis M. Crinella

Baseado nos resultados de avançadas pesquisas, esse livro apresenta uma série de exercícios destinados a promover ganhos significativos de memória e agilidade mental.

O método consiste na realização de 10 a 15 minutos de atividades diárias que, a cada semana, enfocam uma função cerebral específica.

Esse treinamento aumentará sua capacidade de criar memórias, cultivar a atenção, reter imagens e significados, lembrar-se de nomes, fatos, números, datas e lugares, além de estimular os hemisférios direito e esquerdo do cérebro.

Os Segredos da Longevidade
Maoshing Ni

Se você quer chegar aos 100 anos em boa forma física e mental, mas está preocupado com os maus hábitos do passado, imaginando que os anos de sedentarismo e de estresse vão cobrar a fatura, pode se tranqüilizar.

Segundo o médico Maoshing Ni, especializado em medicina chinesa, nunca é tarde demais para começar – o importante é ter disciplina e disposição para mudar o comportamento daqui para a frente.

Com mais de 200 conselhos e dicas a respeito de alimentação, substâncias antioxidantes, exercícios físicos, tratamentos antienvelhecimento e técnicas antiestresse, *Os segredos da longevidade* reúne o melhor da sabedoria do Oriente com os avanços científicos mais recentes do Ocidente.

Mantenha o Seu Cérebro Vivo
Lawrence Katz e Manning Rubin

Com mais de 100 mil exemplares vendidos no Brasil, esse livro apresenta a Neuróbica, um extraordinário programa de exercícios para melhorar a capacidade cerebral baseado nas últimas pesquisas da neurociência.

Diferente de jogos para a memória, quebra-cabeças e palavras cruzadas, a Neuróbica usa combinações surpreendentes dos cinco sentidos e baseia-se em atividades simples e divertidas que podem ser realizadas a qualquer hora – ao acordar, a caminho do trabalho, no jantar com a família e assim por diante.

O resultado é uma mente mais sadia e capaz de enfrentar qualquer desafio, seja lembrar um nome, aprender um novo programa de computador ou permanecer criativo no trabalho e em todos os setores de sua vida.

Ultrametabolismo
Mark Hyman

Nesse livro você conhecerá a nutrigenômica, uma nova ciência que revela como os alimentos "conversam" com os genes, enviando mensagens de saúde ou doença, de ganho ou perda de peso. E o mais importante: aprenderá a usar esse conhecimento para reprogramar seu organismo e conquistar o metabolismo ideal, o UltraMetabolismo, que é o grande propulsor do emagrecimento e da saúde duradoura.

Dividido em duas fases (desintoxicação e reeducação do organismo) e fácil de seguir, este programa de oito semanas ajudará você a emagrecer com base em suas características genéticas pessoais. Ao entender de que modo o seu corpo usa ou queima calorias e aprender a orientar melhor os seus genes, vencerá a luta contra a balança.

De Bem com a Vida
Arnold A. Lazarus e Clifford N. Lazarus

Se você tem dificuldade para se concentrar no trabalho, se o mau humor está prejudicando sua vida conjugal ou ainda se está tentando emagrecer e não consegue, não se desespere: tudo isso tem solução.

De bem com a vida oferece uma série de dicas práticas para você manter as emoções sob controle, resolver os problemas do cotidiano e resgatar a alegria de viver.

Donos de um repertório variado de técnicas, métodos e conselhos sobre como lidar com as questões que afetam o dia-a-dia, os psicólogos Arnold A. Lazarus e Clifford N. Lazarus criaram um guia de leitura simples, em que você pode saborear cada item sem precisar enfrentar textos longos e cansativos.

QUANTO MAIS VELHO, MELHOR
Kathryn e Ross Petras

Envelhecer é parte natural da vida e podemos reagir a isso nos lamentando, aceitando com resignação ou, como propõe esse livro, celebrando a sabedoria que só a experiência traz.

Com citações poéticas, reflexivas e divertidas, *Quanto mais velho, melhor* oferece inspiração para que você, não importa se velho ou novo, aproveite os frutos da idade para amar, se lançar a novos desafios e viver plenamente.

FIQUE MAIS JOVEM A CADA ANO
Chris Crowley e Henry S. Lodge

Você está prestes a conhecer uma abordagem científica inovadora sobre como homens de 50 anos – e até mais velhos – podem se tornar funcionalmente mais jovens em 5 ou 10 anos e permanecer saudáveis e em plena forma física e mental pelo resto da vida.

Numa linguagem clara e bem-humorada, os autores mostram que uma mudança no estilo de vida permite eliminar 70% das limitações usuais associadas ao envelhecimento (dores, fraqueza e apatia) e diminuir em 50% o risco de contrair doenças e sofrer ferimentos na terceira idade.

Henry S. Lodge é clínico geral e gerontologista. Chris Crowley, um advogado aposentado de 72 anos que é seu paciente, afirma ser mais saudável hoje do que era aos 40 anos. Eles apresentam regras e orientações baseadas na biologia celular e evolutiva que ajudarão você a atrasar seu relógio biológico e desfrutar a terceira fase da vida com saúde, vigor, alegria e otimismo.

Os 100 Segredos das Pessoas Saudáveis

David Niven

A idéia equivocada de que ficar doente é uma fatalidade faz com que muita gente não cuide de sua saúde como deveria. Ao tomar consciência de que nós é que escolhemos ser saudáveis ou não, podemos melhorar significativamente nossa qualidade de vida.

Você aprenderá que o importante é pensar na saúde como um investimento a longo prazo, promovendo pequenas mudanças que vão fazer uma enorme diferença em sua vida.

100 Segredos das Pessoas Felizes

David Niven

Não existe a menor dúvida: ser feliz é o desejo de todo ser humano. Mas o que é ser feliz e o que fazer para atingir a felicidade com que todos sonhamos?

Baseado em pesquisas e estudos de cientistas junto a milhares de pessoas, o psicólogo e cientista social David Niven organizou a lista dos 100 segredos mais simples que são realmente capazes de tornar as pessoas felizes.

Esses segredos são revelados nesse livro de forma interessante e com exemplos que vão nos fazer identificar as situações descritas e compreendê-las. Assim, você irá compreender as diferenças entre as pessoas felizes e as pessoas infelizes, e irá saber o que fazer para aproveitar melhor a vida.

A Dieta de South Beach
Arthur Agatston

Comer deve ser um prazer mesmo quando se está tentando emagrecer. Este é um dos princípios básicos da Dieta de South Beach, um plano feito a partir do que há de mais moderno na ciência para perder peso de forma rápida, saudável e sem precisar sentir fome.

Você poderá comer porções generosas de carne, frango e peixe. Além disso, irá saborear pratos feitos com ovos, queijo, nozes e hortaliças. No intervalo das refeições, ainda terá direito a pequenos lanches.

Elaborada pelo renomado cardiologista Arthur Agatston, *A Dieta de South Beach* se tornou uma sensação nos Estados Unidos por gerar resultados impressionantes: perder de 3 a 5 quilos nas duas primeiras semanas e adotar novos hábitos alimentares capazes de manter seu peso a longo prazo.

A Dieta do Abdômen
David Zinczenko e Ted Spiker

Músculos abdominais fortes e definidos são um dos melhores indicadores de saúde. O desenvolvimento da musculatura abdominal vai ajudar você a viver mais, a dormir melhor, a prevenir dores nas costas e até a melhorar sua vida sexual.

Para obter todos esses benefícios, não é necessário passar anos fazendo uma dieta de fome e seguindo exaustivos programas de exercícios.

Informações sobre os próximos lançamentos

Para receber informações sobre os lançamentos da Editora Sextante, basta cadastrar-se diretamente no site www.sextante.com.br

Para saber mais sobre nossos títulos e autores, e enviar seus comentários sobre este livro, visite o nosso site www.sextante.com.br ou mande um e-mail para atendimento@esextante.com.br

Editora Sextante
Rua Voluntários da Pátria, 45 / 1.404 – Botafogo
Rio de Janeiro – RJ – 22270-000 – Brasil
Telefone (21) 2286-9944 – Fax (21) 2286-9244
E-mail: atendimento@esextante.com.br